A ÉTICA NA PSICOTERAPIA CENTRADA NA PESSOA

O LUGAR DA ALTERIDADE NA RELAÇÃO TERAPÊUTICA

Editora Appris Ltda.
2.ª Edição - Copyright© 2024 da autora
Direitos de Edição Reservados à Editora Appris Ltda.

Nenhuma parte desta obra poderá ser utilizada indevidamente, sem estar de acordo com a Lei nº 9.610/98. Se incorreções forem encontradas, serão de exclusiva responsabilidade de seus organizadores. Foi realizado o Depósito Legal na Fundação Biblioteca Nacional, de acordo com as Leis nos 10.994, de 14/12/2004, e 12.192, de 14/01/2010.

Catalogação na Fonte
Elaborado por: Josefina A. S. Guedes
Bibliotecária CRB 9/870

M672e
2024

Miranda, Carmen Silvia Nunes de
A ética na psicoterapia centrada na pessoa: o lugar da alteridade na relação terapêutica / Carmen Silvia Nunes de Miranda. – 2. ed. – Curitiba: Appris, 2024.
159 p. ; 21 cm. (Coleção Psicologia).

Inclui referências.
ISBN 978-65-250-6043-9

1. Psicoterapia. 2. Psicologia clínica. 3. Psicólogos. 4. Ética profissional.
I. Título. II. Série.

CDD – 616.8914

Livro de acordo com a normalização técnica da ABNT

Appris editora

Editora e Livraria Appris Ltda.
Av. Manoel Ribas, 2265 – Mercês
Curitiba/PR – CEP: 80810-002
Tel. (41) 3156 - 4731
www.editoraappris.com.br

Printed in Brazil
Impresso no Brasil

Carmen Silvia Nunes de Miranda

A ÉTICA NA PSICOTERAPIA CENTRADA NA PESSOA

O LUGAR DA ALTERIDADE NA RELAÇÃO TERAPÊUTICA

Appris editora

Curitiba, PR
2024

FICHA TÉCNICA

EDITORIAL	Augusto V. de A. Coelho
	Sara C. de Andrade Coelho
COMITÊ EDITORIAL	Andréa Barbosa Gouveia - UFPR
	Edmeire C. Pereira - UFPR
	Iraneide da Silva - UFC
	Jacques de Lima Ferreira - UP
	Marli Caetano
SUPERVISOR DA PRODUÇÃO	Renata Cristina Lopes Miccelli
REVISÃO	Marta Zanatta Lima	Gislaine Stadler
DIAGRAMAÇÃO	Kétlin Scroccaro
CAPA	Carlos Eduardo H. Pereira
REVISÃO DE PROVA	Renata Cristina Lopes Miccelli

COMITÊ CIENTÍFICO DA COLEÇÃO PSI

DIREÇÃO CIENTÍFICA	Junia de Vilhena
CONSULTORES	Ana Cleide Guedes Moreira (UFPA)
	Betty Fuks (Univ. Veiga de Almeida)
	Edson Luiz Andre de Souza (UFRGS)
	Henrique Figueiredo Carneiro (UFPE)
	Joana de Vilhena Novaes (UVA |LIPIS/PUC)
	Maria Helena Zamora (PUC-Rio)
	Nadja Pinheiro (UFPR)
	Paulo Endo (USP)
	Sergio Gouvea Franco (FAAP)
INTERNACIONAIS	Catherine Desprats - Péquignot (Université Denis-Diderot Paris 7)
	Eduardo Santos (Univ. Coimbra)
	Marta Gerez Ambertín (Universidad Católica de Santiago del Estero)
	Celine Masson (Université Denis Diderot-Paris 7)

Às pessoas com quem me encontro semanalmente na clínica, por me darem o privilégio de participar de suas histórias e por me mostrarem sempre o meu não saber perante elas.

À minha família por estimularem o meu gosto pela escrita e o amor e respeito pelo próximo em sua diferença

À minha sobrinha e afilhada Luiza pelos novos sentidos que vem trazendo pra minha vida.

AGRADECIMENTOS

Agradeço à Coordenação de Aperfeiçoamento de Pessoal de Nível Superior (CAPES), pelo apoio fundamental.

Ao professor Célio Freire, por me acompanhar ao longo da minha formação profissional contribuindo também para meu crescimento pessoal.

Às professoras Virginia Moreira e Vera Cury, por me inspirarem e transformarem as minhas indagações de psicoterapeuta menos solitárias.

Aos psicoterapeutas participantes deste estudo, pela disponibilidade e abertura com que contaram suas experiências.

Aos colegas Emanuel Meireles e Pablo Pinheiro, por me apresentarem a Abordagem Centrada na Pessoa de forma tão autêntica e competente.

Aos companheiros Pablo Pinheiro e Patrícia Lemos, pela disponibilidade e paciência com que sempre me acolhem, ajudando na construção desta pesquisa e outros projetos.

À Marília Studart, pela sensibilidade e leveza com que vive, inspirando-me a ser cada vez mais vulnerável às sensações que a vida me proporciona.

À Nara Goes, pela força e ousadia que me inspiram a buscar sempre o melhor de mim mesma e dos outros.

Às amigas Dina Gadelha, Luiza Pacheco, Mikaela Moreira e Lívia Adriano, por serem simplesmente quem são e fazerem parte do que sou hoje e de minhas conquistas.

Às minhas irmãs, Sophia e Suzana, que me ensinam a ter nas nossas diferenças o que nos fortalece.

Aos meus pais, Salete e Sérgio Miranda, por me apoiarem e me inspirarem com a perseverança e senso de humor com que levam a vida.

Ao Eduardo Falcão, morada confiável, por me ajudar a respeitar o diferente de mim mesma e me apoiar sempre a tomar as melhores decisões possíveis.

"Em nossos dias, muitos psicólogos considerariam um insulto se fossem acusados de pensar num nível filosófico. Não compartilho dessa reação. Não posso deixar de me interrogar sobre o significado daquilo que observo. Julgo que o sentido que descubro no que observo tem implicações apaixonantes" (Carl R. Rogers).

PREFÁCIO

Quando se busca o inusitado na prática clínica em psicologia corre-se o risco de encontrar apenas aquilo que surpreende por não ser comum, por não ser corriqueiro. Creio ter a certeza de não ser isso o que teve em mente Carmen Silvia, a autora deste livro tão original sobre a ética na psicoterapia centrada na pessoa. A prática clínica na Abordagem Centrada na Pessoa, com certeza, implica em variadas formas de excepcionalidade, desde sua primeira formulação por Carl Ransom Rogers. Dentre elas podemos falar de uma forma de escuta face a face, olhos nos olhos, em que o paciente, cliente, pessoa (necessariamente nessa ordem de aparecimento em sua obra), recebe a atenção do terapeuta, facilitador, outra pessoa.

Somente esta forma insólita de trabalhar em psicologia e psicoterapia já seria suficiente para provocar nossa surpresa e inquietação. Esse modelo implica na assunção de um lugar frente ao outro que permitiria ser afetado por sua diferença e estranheza. Não é à toa que muitos seguidores da Abordagem defendem sua condição ética em detrimento da mera técnica psicoterápica. As atitudes exigidas ao profissional implicariam numa abertura significativa à alteridade, o que nos permitiria pensar com Mauro Amatuzzi ou Peter Schmid numa ética anterior, como nos ensina Paul Ricoeur, em que aparece o sentimento de *estar obrigado a*.

A autora, todavia, foi mais além da discussão teórica, já efetivada por alguns, em especial aqueles afetados pela obra levinasiana. Ousou ouvir psicoterapeutas da Abordagem Centrada na Pessoa, naquilo que em suas experiências se poderia denominar o inusitado. Poderíamos pensar aqui no inusitado do outro e no inusitado de si. De fato, as falas dos entrevistados vão em ambas as direções, naquilo que chamamos noutro lugar de *consciência de si* e *consciência do outro que si*. De qualquer maneira, o esforço da autora vai na direção de fazer daquilo que foi dito um dizer, como queria Emmanuel Lévinas. Isso ela conseguiu através da polissemia e da disseminação que faz surgir das palavras dos informantes. Tal exercício metodológico – se podemos falar nestes termos tão avessos à desconstrução que nos foi proposta por Jacques Derrida –, nos impele a um movimento ético na direção do outro, e do outro de si mesmo, que convergiria para a ética da alteridade radical.

A aposta de Carmen Silvia é na ideia de que "o papel do terapeuta está balizado pela responsabilidade para e pelo cliente, numa relação de escuta e acolhimento ao estranhamento". Tal entendimento pressupõe uma aproximação clara das exigências da ética radical de Lévinas, numa aceitação das teses schimdianas. Mas também significa uma abertura para o outro que se dá pela via da sensibilidade, da intuição e da criatividade. Isso foge, obviamente, do império da racionalidade e da técnica, na busca do sentido, acolhido que é pela escuta do outro em sua diferença.

Não esqueçamos, no entanto, que trata-se de uma aposta e não de uma constatação. Há muito que ser feito na direção de uma forma de escuta da alteridade que não deixe de fora a estranheza absoluta. Mesmo tomando a alteridade como o inusitado nas respostas dos informantes; mesmo enxergando no terapeuta esse ser afetado em sua vulnerabilidade; mesmo sentindo a responsabilidade do terapeuta frente a outrem, o movimento da desconstrução operado pela autora intui, mas não homologa, um ser-pelo-e-para-o-outro possível na relação terapêutica de base centrada na pessoa. Não obstante isso, seu trabalho é profícuo e aponta para a urgente necessidade de se rever posições no âmbito da Abordagem Centrada na Pessoa, na direção de uma excentricidade que desaloje esse eu ensimesmado que algumas leituras pouco transcendentes de Rogers insistem em perpetuar.

José Célio Freire
Programa de Pós-Graduação em Psicologia
da Universidade Federal do Ceará

SUMÁRIO

INTRODUÇÃO 17

CAPÍTULO 1
A ÉTICA DA ALTERIDADE RADICAL: REPENSANDO O LUGAR DO OUTRO NA PSICOLOGIA 23

2.1 A ética levinasiana 25
   2.1.1 Situando o pensamento levinasiano 25
   2.1.2 A relação ética com o Outro 31
2.2 Reverberações da ética como filosofia primeira na psicologia 41
   2.2.1 Psicologia, herdeira do pensamento filosófico moderno 41
   2.2.2 O Outro como "não-eu" na psicologia 43

CAPÍTULO 2
A PSICOTERAPIA CENTRADA NA PESSOA: A RELAÇÃO TERAPÊUTICA COMO LUGAR DE EMERGÊNCIA DA ALTERIDADE 49

   3.1.1 Fase da psicoterapia não-diretiva (1940 – 1950) 51
   3.1.2 Fase da psicoterapia reflexiva (1950-1957) 54
   3.1.3 Fase da psicoterapia experiencial (1957- 1970) 56
3.2 A passagem da psicoterapia centrada no cliente para a psicoterapia centrada na pessoa 62
3.3 A relação terapêutica da psicoterapia centrada na pessoa 65
3.4 A emergência da alteridade na relação terapêutica da psicoterapia centrada na pessoa 74
3.5 A alteridade radical na psicoterapia centrada na pessoa 77

CAPÍTULO 3
AS POSSIBILIDADES DE ABERTURA À ALTERIDADE RADICAL NOS DISCURSOS DE PSICOTERAPEUTA CENTRADOS NA PESSOA 83

4.1 A abertura à alteridade radical na relação terapêutica 83
    4.1.1 A alteridade como inusitado 97
    4.1.2 O terapeuta ser afetado e a sua vulnerabilidade 110
    4.1.3 A Responsabilidade do terapeuta perante Outrem 124
4.2 As possibilidades de abertura à alteridade na ACP: a escuta ética da multiplicidade 132
    4.2.1 Psicoterapia, uma prática de múltiplos sentidos 133
    4.2.2 Identidade e multiplicidade de perspectivas da ACP 139

CONSIDERAÇÕES FINAIS 147

REFERÊNCIAS 153

INTRODUÇÃO

Rogers (1997) considera que toda produção científica, por mais que se dê de forma objetiva e se empreguem métodos rigorosos e impessoais, possui cunho subjetivo. Neste trabalho, não é diferente. Para melhor fundamentá-lo, acredito ser necessário explicitar, a partir do meu percurso os questionamentos que culminaram no meu interesse em desenvolver este livro.

Na graduação em Psicologia, tive a oportunidade de me deparar com fundamentações teóricas que passaram a ser bastante significativas no meu pensar e fazer psicologia, são elas: a Abordagem Centrada na Pessoa (ACP), criada pelo psicólogo norte-americano Carl Rogers, e a alteridade radical, proposta pelo filósofo franco-lituano Emmanuel Lévinas. Foram também relevantes os questionamentos acerca da ética, mais especificamente da ética radical na psicologia, em especial na ACP, através das reflexões de Freire (2000, 2002) e em Vieira e Freire (2006). Afetada pelos escritos rogerianos, passei a estudar a ACP no intuito de dar vazão a minha curiosidade sobre as potencialidades das relações humanas, o que estimulou meu interesse e enveredamento na área clínica. Já os escritos de Freire (2000, 2002) e Vieira e Freire (2006) me apresentaram à ética da alteridade radical e levaram-me a refletir sobre a ética presente nas teorias e práticas psicológicas e a pertinência do espaço para a alteridade nestas.

Desta forma, escrevi a monografia de fim de curso sobre a comunicação na obra rogeriana e as possibilidades de abertura à alteridade radical, na qual busquei compreender a *comunicação de mão-dupla* (ROGERS, 1983) como duplo movimento de ouvir e ser ouvido. Tal postura foi por mim entendida como uma escuta que viabiliza espaço para a ruptura e o estranhamento, possibilidade de abertura para o Outro, em detrimento de uma escuta surda à exterioridade. Ao sair da graduação, carreguei comigo os apontamentos da monografia que, atrelados à minha prática profissional como psicóloga clínica, culminaram na ânsia pelo mestrado e na possibilidade de continuação de uma caminhada que é, ao mesmo tempo, pessoal, de curiosidade sobre o ser humano, e profissional, de questionamento ético acerca de uma abertura do psicólogo clínico ao não idêntico em sua prática.

É difícil afirmar com precisão até que ponto essa pesquisa surgiu de questionamentos práticos provindos de minha atuação como psicoterapeuta da Abordagem Centrada na Pessoa ou de indagações teóricas diante das incitações produzidas pela leitura da ética levinasiana. Talvez seja exatamente a articulação entre essas questões práticas e teóricas, sem um ponto de partida mais definido ou uma sobressaliência, que tenha permitido a germinação de questões que culminaram com a realização deste livro. Figueiredo (2008) situa a necessidade de realização de pesquisas a partir das tensões entre teoria e prática como forma de atualização das teorias a partir de um olhar crítico constante que acaba por garantir vias de abertura à vida, à exterioridade que chega como o inesperado.

Nesta imbricação, este trabalho surgiu de questionamentos éticos suscitados pela experiência clínica e a preocupação com a necessidade de preparação do terapeuta para uma atuação ética e eficaz. Por eficácia, podemos pensar em um embasamento teórico consistente aplicado por um profissional competente; já acerca de uma atuação ética, temos em mente posturas profissionais condizentes com o código de ética profissional.

De fato, o código de ética profissional do psicólogo insere-se no âmbito das necessidades para uma prática clínica responsável. Mas, tendo um caráter de universalidade e racionalidade, daria conta, por si só, das dimensões e dilemas éticos singulares que emergem da relação terapêutica e exigem uma via muito mais sensível que racional? Acredito ser necessário pensarmos a ética clínica não só no que concerne à aplicabilidade de regras provenientes do código de ética, assim como a prática clínica vai além da aplicabilidade de uma dada teoria. A ética na prática clínica que estamos abordando neste trabalho se refere ao reconhecimento e contato com a alteridade, com a emergência do novo (FIGUEIREDO, 2008) e encontra-se além de uma ética pautada exclusivamente em uma aplicabilidade de regras morais ou de um dado sistema teórico.

Neste sentido, a eficácia da prática clínica não precede a sua ética, muito pelo contrário. A preocupação com a dimensão ética antecede a sua eficácia, no sentido de nos direcionarmos a uma ética das relações humanas para além do utilitarismo e da busca de saciação de uma demanda mercadológica, uma mera prestação de serviços. Só tomando a questão ética como primeira é que podemos repensar nossas práticas e enxergar novos espaços que nos exigem novas respostas, inclusive, teóricas.

A atuação clínica, portanto, é vista neste livro como um campo da ética por excelência, em que as relações humanas instituídas desvelam a dimensão do absolutamente outro, apontam para o infinito, e não podem ser considerados apenas a partir de códigos de ética ou de sistemas teóricos. Não estou, com isso, desconsiderando a importância do código de ética profissional ou da adesão coerente e responsável a uma abordagem teórica psicológica (das várias existentes) na prática clínica. Pelo contrário, tais aspectos remontam também a posturas éticas diante da pessoa atendida. Ou seja, a discussão ética também passa por aí, mas nesses pontos não se encerra. A relação com o outro, como dito acima, nos escapa. Resta-nos, portanto, garantir espaços de arejamento tanto para nossas práticas como para nossas teorias, pois a alteridade radical não nos pede permissão para acontecer, ela simplesmente irrompe das relações humanas, do face a face, e exige nosso *eis-me aqui*.

Essa intimação chega ao terapeuta que, diante da sua solidão, tal como nos fala Moreira (2009a), é impelido a tomar decisão responsável quanto ao que falar ou fazer em cada situação singular. Cury (1987) afirma que, para ser psicoterapeuta, é necessária certa preparação para lidar com o imprevisível no seu cotidiano de trabalho. É a isto que busco dar luz: a essa dimensão do inusitado que irrompe da relação terapêutica, emergência de alteridade por excelência, que exige resposta do psicoterapeuta e não se encontra prevista em códigos ou teorias. No entanto, a partir de agora escreverei na primeira pessoa do plural, visto que minha trajetória de solidão como psicoterapeuta ganhou novos contornos e companhias, transformando minhas indagações em questionamentos compartilhados.

Este livro surgiu de uma pesquisa de natureza qualitativa, de caráter descritivo e exploratório. Intentamos com isso contribuir para uma discussão ética no campo da prática clínica, tendo como referências a ética radical de Emannuel Lévinas e a Psicoterapia Centrada na Pessoa, de Carl Rogers.

Nosso objetivo é discutir as possibilidades de abertura à alteridade na relação terapêutica a partir de discursos de psicoterapeutas centrados na pessoa sobre sua prática clínica. Para tanto, realizamos entrevistas semiestruturadas com cinco psicoterapeutas acerca de experiências com o inusitado vividos durante o atendimento clínico.

A partir desses discursos foram analisadas as possibilidades de abertura à alteridade à luz da ética radical. A interpretação dos discursos teve inspiração na hermenêutica derridiana, focalizando como proposta a ideia de desconstrução por permitir a emergência da diferença advinda do próprio discurso.

Na desconstrução dos discursos, pudemos nos aproximar de possíveis espaços de abertura à alteridade na relação terapêutica, discorrendo sobre a vulnerabilidade e responsabilidade do terapeuta frente ao inusitado.

Este livro é formado pelos seguintes capítulos: no primeiro discutimos as possíveis reverberações da ética radical no campo da psicoterapia, passando por uma breve apresentação da filosofia levinasiana e dimensões éticas que perpassam a prática clínica. No segundo, elucidamos a Psicoterapia Centrada na Pessoa, focando a relação terapêutica como lugar de emergência da alteridade. Ainda nesse capítulo, iniciamos reflexões acerca da abertura à alteridade radical nesse aporte teórico.

No último capítulo, procuramos desenvolver a desconstrução dos discursos dos psicoterapeutas analisando possibilidades de abertura à alteridade radical na relação terapêutica. Longe de buscar respostas conclusivas nos discursos dos entrevistados sobre o inusitado em sua prática clínica, partimos desses discursos para analisar possíveis espaços de abertura à alteridade radical, ao inusitado, que jamais se dará por conhecido, por corriqueiro.

CAPÍTULO 1

A ÉTICA DA ALTERIDADE RADICAL: REPENSANDO O LUGAR DO OUTRO NA PSICOLOGIA

A ética da alteridade radical, proposta pelo filósofo franco-lituano Emmanuel Lévinas, constitui-se como um movimento de ruptura da tradição filosófica ocidental e coloca-se como relevante ao campo da psicologia, herdeira, em grande medida, dessa tradição. As formulações levinasianas criticam o *pensamento totalizador*, que reduz o outro, o diferente, a algo familiar, fruto da filosofia ocidental tradicional, e buscam o rompimento do formato de relação com a alteridade[1] que esse tipo de pensamento proporciona, apontando uma relação ética de abertura e vulnerabilidade, não indiferença frente à alteridade tida como o *absolutamente outro*.[2]

Lévinas situa suas reflexões no terreno da ética e da filosofia, não chegando a se debruçar sobre o campo da psicologia, apesar de trazer à tona uma forma própria de pensar acerca da alteridade e da constituição da subjetividade, por exemplo, conceitos essenciais a este campo. Ainda assim, longe da tentativa forçosa de uma leitura psicológica da obra levinasiana, pela imposição de sua filosofia ao campo psicológico de modo aplicado, o que faremos aqui é buscar nesta filosofia inspirações para reflexões éticas que perpassam a profissão e a ciência psicológica.

---

[1] "ALTERIDADE [...] Ser outro, colocar-se ou constituir-se como outro. A Alteridade é um conceito mais restrito do que diversidade e mais extenso do que diferença." (ABBAGNANO, p.34, 1998, grifo do autor).

[2] Martins Filho (2010, p. 56) nos esclarece o termo alteridade, em Lévinas, diferenciado da compreensão tida em Husserl, relação entre eus, e em Heidegger, em que "o outro é aquele que convive comigo num mundo circundante". Para esse autor, a noção levinasiana defende a autêntica relação com o outro no plano da ética, finalidade última de toda existência humana. Essa relação não anula a diferença entre ambos, mas a reafirma.

Interessa-nos compreender a filosofia levinasiana como produtora de reflexões relevantes para a psicologia, focando, principalmente, as dimensões de alteridade radical e de relação não totalizadora com o *Outro* que, para esse filósofo, é o pressuposto de todas as relações humanas. Nesse sentido, a finalidade deste capítulo é apresentar as dimensões da alteridade e da ética levinasianas como fundamentos para se repensar o lugar do outro, da alteridade, como estranhamento, na psicologia, tão acostumada ao familiar e ao idêntico. Não buscamos, contudo, formular uma aplicabilidade psicológica para a filosofia levinasiana, tão menos instituir posturas a serem seguidas, apenas apontar rastros possíveis da alteridade radical e da abertura em sua direção, no campo psicológico.

Iniciamos nossa escrita com esse capítulo devido ao caráter anterior desta filosofia, pressuposto de onde partem as indagações da pesquisa que doravante será explanada. Aqui, portanto, delineamos algumas concepções levinasianas, elucidando brevemente como estas suscitam questionamentos éticos na psicologia, campo de nosso estudo.

Dividimos esse capítulo em dois tópicos principais. O primeiro, intitulado *A ética levinasiana*, tem por intuito inserir o pensamento de Emmanuel Lévinas, densa proposição filosófica, como um convite para se deixar afetar pela linguagem hiperbólica e a terminologia levinasiana, inspirada, em grande medida, em noções e metáforas religiosas. Essa parte, por sua vez, está subdividida em dois momentos: *Situando o pensamento levinasiano* e *A relação ética com o Outro*.

No segundo tópico, nomeado de *Reverberações da Ética como filosofia primeira na psicologia*, apresentamos algumas reflexões acerca do lugar do outro como alteridade radical na Psicologia, produzidas a partir dessa filosofia. Esta contextualização da filosofia levinasiana no campo da psicologia é uma tentativa de introduzir esta proposição filosófica aproximando-a das indagações éticas que se situam no espaço de saber e de fazer psicológicos. Aqui também existem duas subdivisões: *Psicologia, herdeira do pensamento filosófico moderno* e *O Outro como não-eu na psicologia*.

2.1 A ética levinasiana

2.1.1 Situando o pensamento levinasiano

Lévinas (1906 - 1995) foi um filósofo judeu franco-lituano que viveu durante o século XX e teve como característica de seu pensamento a contraposição à filosofia tradicional, voltada para uma ética anterior e para além da ontologia, da filosofia e da própria ética (DERRIDA, 2004). Para adentrarmos sua produção filosófica, conheçamos um pouco de sua vida e influências.

Nascido na Lituânia, Lévinas foi obrigado a mudar-se aos nove anos para a Ucrânia devido à invasão pelos alemães, em 1915, durante a Primeira Grande Guerra. Cresceu lendo a bíblia em hebraico e obras literárias clássicas, em especial as de Dostoiévski[3]. Retornou à Lituânia com sua família em 1920, partindo novamente em 1923, desta vez sozinho, para estudar em Estrasburg (cidade francesa localizada na fronteira entre a França e a Alemanha). Foi para Freiburg (Alemanha), entre 1928 e 1929, participar do curso de Edmund Husserl[4], durante o qual conheceu também Heiddeger. Retornou à Paris em

---

[3] Lévinas cita, em vários momentos, este autor russo como influência em sua trajetória filosófica.

[4] "Foi em Husserl que descobri o sentido concreto da própria possibilidade de <<trabalhar em filosofia>> sem, em seu conjunto, ficar fechado num sistema de dogmas, mas ao mesmo tempo sem correr o risco de avançar por intuições caóticas. Impressão, simultaneamente, de abertura e de método [...]". (LÉVINAS, 1988b, p.22).

1930, estabelecendo-se na França até sua morte, em 1995.[5] Neste retorno de Freiburg, finalizou sua primeira obra, *A teoria da intuição na fenomenologia de Husserl*, publicada em 1930, e traduziu o livro *Meditações Cartesianas*, de Husserl, do alemão para o francês. Livro este que permitiu a Sartre seu primeiro contato com a fenomenologia.

Husserl, com a originalidade de sua metodologia filosófica, e Heiddeger, com a maneira pela qual praticava a fenomenologia, especialmente em *Ser e Tempo*, foram relevantes para o enveredamento de Lévinas pela fenomenologia (POIRIÉ, 2007). Podemos conceber a obra levinasiana como uma *proposta fenomenológica singular* (HUTCHENS, 2009).

Para Lévinas (1991, p. 24), fazer fenomenologia[6] consistiria na admissão de uma interpretação fenomenológica levada mais longe, pautada em indagar e recordar o tecido último e constitutivo da inteligibilidade, que se coloca como anterior a qualquer análise: "[...] a ordem interpessoal da alteridade do outro homem, o meu próximo, e da minha responsabilidade para com outrem [...]". Convertendo a discussão fenomenológica em ética, para Dartigues (1992), Lévinas rejeitava toda a filosofia que fosse sistema, embora tenha frequentado Husserl e a fenomenologia em toda a sua carreira.

A proposta levinasiana, de uma ética como filosofia primeira, tem como influência, também, o impacto das atrocidades nazistas. Segundo Haddock-Lobo (2006) e

---

[5] "É possível imaginar que sua obsessão com metáforas de exílio, evasão e viagens com retornos (Ulisses) e sem eles (Moisés) foi consequência da vida itinerante de sua própria família." (HUTCHENS, 2009, p.19).

[6] "[...] fazer fenomenologia não é somente, contra a fraude, o deslize e a substituição do sentido, garantir a significação da linguagem ameaçada na sua abstração ou no seu isolamento; não é somente controlá-lo ao interrogar os pensamentos que ofusca e faz esquecer. É sobretudo indagar e recordar, nos horizontes que se abrem em torno das primeiras <<intenções>> do dado abstrato, a intriga humana – ou inter-humana – que é a concreção do seu impensado [...], a qual é necessária <<encenação>> cujas abstracções se desligaram no dito das palavras e das frases. É buscar a intriga humana ou inter-humana como o tecido da inteligibilidade última." (LÉVINAS, 1991, p. 25).

Hutchens (2009), Lévinas chegou a descrever sua biografia como o pressentimento e a lembrança do horror nazista. Sua vida foi marcada por eventos históricos de violência aos judeus, culminando na morte de grande parte da sua família durante o Holocausto. Sua mulher e filha foram salvas por amigos, escondidas às pressas em um mosteiro.

Em entrevista realizada por François Poirié, em 1986, e publicada no livro *Emmanuel Lévinas: ensaios e entrevistas*, em 2007, Lévinas conta que, durante este período de nazismo, exerceu a função de intérprete militar de russo e alemão junto ao exército francês. Foi capturado, enviado a um campo de prisioneiros militares na Alemanha, agrupado a outros judeus prisioneiros de guerra. No campo de prisioneiros, trabalhava o dia todo na floresta, tendo pouco contato e notícias do que estava acontecendo de fato no mundo. Ainda nesse livro, Lévinas relata "Os habitantes, decerto, não nos injuriavam nem nos faziam nenhum mal, mas seus olhares diziam tudo. Nós éramos criaturas condenadas ou contaminados portadores de germes" (POIRIÉ, 2007, p.76).

O impacto das atrocidades nazistas, vivenciadas pelo povo judeu, encontra-se em sua produção filosófica, que parte da impossibilidade de aniquilamento do *Outro*, *alteridade absoluta*, pelo *Mesmo*, afirmando a ética como filosofia primeira, anterior à ontologia[7] e a qualquer tentativa de pensar ou abarcar o outro a partir do Ser. Assim,

> A questão de Lévinas é de que, se nossas interações sociais não forem sustentadas pelas relações éticas

---
[7] Para Lévinas (1988b, p. 30) ontologia "É precisamente a compreensão do verbo <<ser>>". Ele acusa a tradição filosófica ocidental de se reduzir a uma tentativa de responder à questão do significado do ser, colocando-o como prioridade em detrimento do ente, do outro. Assim, a filosofia afirma como essência o ser, subjugando o ente e funcionando muito mais como uma "egologia" (LÉVINAS, 1988a). Neste sentido, a ontologia é vista como redução do Outro ao Mesmo.

com as outras pessoas, então o pior pode acontecer, ou seja, o fracasso em se reconhecer a humanidade do outro (HADDOCK-LOBO, 2006, p.17).

O não reconhecimento da humanidade do outro, a indiferença a *outrem*[8], dá-se, para Lévinas (1988b, p. 67), na própria história da filosofia, totalizante e reducionista, império do eu e da consciência:

> Esta história [história da filosofia] pode interpretar-se como uma tentativa de síntese universal, uma redução de toda a experiência, de tudo aquilo que é significativo, a uma totalidade em que a consciência abrange o mundo, não deixa nada fora dela, tornando-se, assim, pensamento absoluto. A consciência de si ao mesmo tempo consciência do todo. Na história da filosofia, houve poucos protestos contra essa totalização.

Lévinas, neste excerto, remete-se à totalização que se encontra alicerçada na primazia do ser, na ontologia como filosofia primeira. Nela, a relação do homem (do ser) com o mundo e com os outros homens é compreendida a partir da busca por assimilação, destituindo-se as diferenças. Assim, o que aparece como inicialmente outro, como alteridade, é logo tornado familiar, *império do Mesmo*, através da compreensão e domínio pela via do conhecimento e da percepção do ser, inteligibilidade calcada na presença e experiência do ser[9] (LÉVINAS, 1991).

O outro é compreendido, neste viés tradicional, por sua sujeição à consciência do ser. Ele aparece, no máximo, como outro ser, ou seja, idêntico ao Ser, rechaçando, com isso, toda

---
[8] "O Outro enquanto outro é Outrem" (LÉVINAS, 1988a, p. 58), ou seja, o outro enquanto diferente do eu, "não-eu".

[9] Lévinas (1988a) afirma que o "eu penso" cartesiano torna-se neste império do ser em "eu posso". E, neste caso, o ser tudo pode, se afirmando a partir da apreensão do mundo e do ente pela via do conhecimento. Assim, "A posse afirma de facto o Outro, mas no seio de uma negação da sua independência. <<Eu penso>> redunda em <<eu posso>> - numa apropriação daquilo que é, numa exploração da realidade. A ontologia como filosofia primeira é uma filosofia do poder." (LÉVINAS, 1988a, p.33).

e qualquer alteridade que se coloque como diferente ou que escape ao seu pensamento totalizante. A possibilidade do outro como não-ser é, neste sentido, ignorada:

> Enquanto saber, o pensamento é o modo pelo qual uma exterioridade se encontra no interior de uma consciência que não cessa de se identificar, sem ter de recorrer para tal a nenhum signo distintivo e é Eu: O Próprio. O saber é uma relação do Próprio com o Outro onde o Outro se reduz ao Próprio e se despoja da sua alienidade, onde o pensamento se refere ao outro, mas onde o outro já não é outro enquanto tal, onde ele é já próprio, já *meu* (LÉVINAS, 1991, p. 14).

Contrapondo-se à redução do outro ao *Mesmo*, Lévinas afirma a possibilidade do outro como não idêntico ao ser, anterior a toda iniciativa e fundado a partir da própria alteridade que o constitui:

> O Outro metafísico é outro de uma alteridade que não é formal, uma alteridade que não é o simples inverso da identidade, nem de uma alteridade feita de resistência ao Mesmo, mas de uma alteridade anterior a toda iniciativa, a todo o imperialismo do Mesmo; outro de uma alteridade que constitui o próprio conteúdo do Outro [...]. (LÉVINAS, 1988b, p. 26).

Nessa direção, o *Outro* levinasiano é *absolutamente outro*, não tendo como referência constitutiva o *Mesmo*, conforme este autor reafirma em entrevistas a Poirié (2007, p. 86): "[...] você é um outro que não eu, outro de outro modo, outro absolutamente!". O Outro, assim, pode ser vislumbrado como diferente do Ser, não mais à sua imagem e semelhança, transcendendo qualquer tentativa de pensamento sobre ele, tal como a ideia de infinito, de Descartes.

A ideia de Infinito é adotada por Lévinas por permitir alusão a uma transcendência, a algo para além do ser, pois, embora consigamos pensar o Infinito, este sempre ultrapassa todo e qualquer pensamento nosso sobre ele. O Infinito apresenta-se como irredutível ao pensamento, impossível de totalização.[10] A ideia de Infinito, em Lévinas, vem, assim, romper com aquela de totalidade. Nesta, reina o pensamento do igual, com a busca de que o *Outro* se torne o *Mesmo*, e há um saber e verdade absolutos. Naquela, implicam-se o pensamento do desigual e o excesso no ato de pensar, que contêm e não contêm, paradoxalmente, a presença do Infinito (LÉVINAS, 1988a).

Para Lévinas (1988b), o Infinito é o absolutamente outro, e a ideia do Infinito se refere à relação com o *Outro*, pois "O outro é o que não pode ser contido, que conduz para além de todo contexto e do ser" (LÉVINAS, 2005, p.15). O *Outro radical* é estranhamento que não se permite familiarizar, sempre nos remetendo para-além-do-ser-e-da-compreensão. É a isso que se refere a ideia de *Outro radical*, o outro tido como outro (diferente do ser), que

> [...] não me aparece como igual a mim, ou como pessoa, nem mesmo como outro empírico. É o *Próximo* em sua distância ética; o Estrangeiro que se hospeda no melhor cômodo; quem exige a passividade pré-reflexiva que traz o *Infinito* e Deus à idéia (FREIRE, 2002, p.132-133).

Alicerce do pensamento levinasiano, o paradoxo gerado pela ideia do infinito em nós, seres finitos, e pela impossibilidade de contê-lo em nosso pensamento, nos lança ao contato com outra forma de inteligibilidade, sensibilizando-nos ao que não se permite ser compreendido racionalmente, abarcado pelo

---

[10] Daí o título de um seus livros mais conhecidos, *Totalidade e Infinito*, de 1961.

pensamento do ser.[11] Isto porque, para Lévinas (1988b, p. 36), "Pensar o infinito, o transcendente, o Estrangeiro, não é pois pensar um objecto".

2.1.2 A relação ética com o Outro

A relação com o *Outro absoluto* é instituída, portanto, dentro de novos parâmetros de inteligibilidade, "um novo modo de inteligibilidade, contra a consciência englobante e organizadora do sistema através do saber, contra a tendência para igualar e reduzir" (LÉVINAS, 1991, p. 20). Essa nova inteligibilidade coloca como anterior a responsabilidade para com o *Outro*, como já explicitado acima. Ela inverte o pensamento instituído na história da filosofia, apontando uma ética primeira, anterior à filosofia e à ontologia:

> [...] não parto da racionalidade como uma noção que engloba um sistema de categorias da nossa lógica do conhecimento; gostaria de alargar esta noção; parto do que é significativo, onde o humano se fixa antes de qualquer sistema (LÉVINAS, 1991, p. 30-31).

Desta forma, a relação ética com a *alteridade absoluta* aparece como original e anterior, não partindo de uma escolha ou vontade, pois "A relação ética não é o desvelamento de um dado, mas exposição do eu a *outrem*, prévia a toda e qualquer decisão [...]" (LÉVINAS, 2003, p. 203). Para este autor:

> Chama-se ética a esta impugnação da minha espontaneidade pela presença de Outrem. A estranheza de Outrem – a sua irredutibilidade a Mim, aos meus

---

[11] É neste sentido, também, que a leitura dos seus escritos nos leva ao que é de fundo a sua proposta, colocando-nos diante de uma ruptura na nossa forma mesma de pensar e de apreender o que lemos. Segundo Hutchens (2009), para compreender a filosofia levinasiana, é preciso deixar-se perder nas suas formulações ao invés de buscar a todo instante abarcar este pensamento de forma racional e fechada, buscando uma totalização deste.

pensamentos e às minhas posses – realiza-se precisamente como um pôr em questão da minha espontaneidade, como ética (LÉVINAS, 1988b, p. 30).

Essa ética configura-se em uma responsabilidade primeira pelo e para o outro, na qual sou insubstituível.[12] Segundo Lévinas (1988a, p. 92), "[...] A minha responsabilidade não cessa, ninguém pode substituir-me. De fato, trata-se de afirmar a própria identidade do eu humano a partir da responsabilidade [...]".

A relação de responsabilidade com a *alteridade absoluta* precede até mesmo a constituição subjetiva do próprio sujeito. Assim, a subjetividade é, desde o início, refém: "A subjetividade, ao constituir-se no próprio movimento em que lhe incube ser responsável pelo outro [...] é [...] refém." (LÉVINAS, 1988a, p. 92). A subjetividade, na filosofia levinasiana, aparece como constituída no trauma da exterioridade, na relação com a *alteridade absoluta*: "A subjetividade não é um para si: ela é [...] inicialmente para outro." (LÉVINAS, 1988a, p. 88). Ela é, desde o início, acolhimento deste Outro, hospitalidade (LÉVINAS, 1988b; DERRIDA, 2004).

Lévinas aponta com isso o *Outro* como princípio da subjetividade, contrapondo-se à subjetividade constituída pela confirmação de si (exemplificada na famosa frase de Descartes "penso, logo existo") que se pauta no saber, e com isso na dominação dos seres. A intersubjetividade traumática (COELHO JUNIOR; FIGUEIREDO, 2004), a relação com o Outro, aparece, desta maneira, como fundante e originária do eu.

Esta relação intersubjetiva é, para Lévinas (1988a, 1988b), da ordem do Desejo. O Desejo ao qual esse filósofo se refere é um desejo que difere do usual, não é falta de algo que pode ser satisfeito, alcançado. Ele é excesso:

---

[12] "A relação ética não é o desvelamento de um dado, mas exposição do eu a outrem, prévia a toda e qualquer decisão [...]" (LÉVINAS, 2003, p. 203).

> O infinito no finito [...] produz-se como Desejo. Não como um Desejo que a posse do Desejável apazigua, mas como o Desejo do Infinito que o desejável suscita, em vez de satisfazer. Desejo perfeitamente desinteressado – bondade (LÉVINAS, 1988b, p. 37).

A relação desinteressada com o *Outro*, essa bondade gratuita e primeira, é tida por Lévinas como amor, e é onde se releva o absolutamente outro, tal como ele aponta em uma entrevista:

> Tudo isso desabrocha em amor: a responsabilidade precisa algo de grave na consciência da alteridade. O amor vai mais longe, é a relação com o único. Ele pertence ao princípio do amor que o outro, amado, é único no mundo pra mim. Não é de todo, porque, na medida em que estou apaixonado tenho a ilusão de que o outro é único, é porque há a possibilidade de pensar alguém como único que há amor (POIRIÉ, 2007, p. 87).

Desta forma, Lévinas propõe um amor *para-com-o-outro* em sua outridade, único, como responsabilidade e bondade: "A responsabilidade pelo próximo é, sem dúvida, o nome grave do que se chama amor do próximo, amor sem Eros, caridade, amor em que o momento ético domina o momento passional, amor sem concupiscência" (LÉVINAS, 2005, p. 143).

É no chamado à minha responsabilidade como bondade e amor por outrem que o outrem é próximo. Essa proximidade não se refere a uma questão espacial ou a uma relação intencional de conhecimento de um objeto, um "eu conhecer o outro". Diferentemente, o outro "[...] se aproxima essencialmente de mim enquanto me sinto – enquanto sou – responsável por ele" (LÉVINAS, 1988a, p. 89).

A bondade por *Outrem*, responsabilidade ilimitada, não espera por uma reciprocidade, sendo, por este motivo, ética por excelência, relação desinteressada:

> O inter-humano propriamente dito está numa não-
> -indiferença de uns para com os outros, numa respon-
> sabilidade de uns para com os outros, mas antes que a
> reciprocidade desta responsabilidade, que se inscreverá
> nas leis impessoais, venha sobrepor-se ao altruísmo
> puro desta responsabilidade inscrita na posição ética
> do eu como eu; antes de todo contrato que significa-
> ria, precisamente, o momento da reciprocidade onde
> pode, com certeza, continuar, mas onde pode também
> atenuar-se ou extinguir-se o altruísmo e o desinteressa-
> mento (LÉVINAS, 2005, p. 141).

Tem-se, assim, uma relação de não reciprocidade[13], desigual, em que o *Outro* coloca-se a uma altura e distância intransponíveis, proximidade apenas enquanto responsabilidade. Neste sentido, é impossível uma relação de igual entre *Mim* e *Outro*, pois o *Outro* se encontra sempre anterior e a uma altura diferente, o Outro está acima do *Mesmo*. É, portanto, uma relação de diacronia e de assimetria, de distância absoluta.

Segundo Lévinas (1988b), dá-se uma impossibilidade, inclusive, de se pensar esse *Mesmo* ou esse *Outro* fora desta relação de separação radical em que se encontram, no intuito de estabelecer uma negativa ou afirmativa no que se refere a uma correspondência, pois o Outro não pode ser apreendido, está sempre distante de mim, em diacronia. Quando eu chego, ele já foi, deixando apenas seus rastros, vestígios de sua passagem. Para esse autor,

> A irreversibilidade não significa apenas que o Mesmo
> vai para o Outro, diferentemente de como o Outro vai
> para o Mesmo. Essa eventualidade não entra em linha
> de conta: a separação radical entre o Mesmo e o Outro
> significa precisamente que é impossível colocar-se

---

[13] Acerca desta questão, Freire e Moreira (2009, p. 151) elucidam: "Minha responsabilidade é infinita, mas a responsabilidade do outro por mim é negócio dele que a mim não compete. Eis a radicalidade do pensamento ético levinasiano, que me põe pra fora de mim, na separação em relação ao Outro, e que me exige de fora, da exterioridade, na substituição de mim ao Outro".

fora da correlação do Mesmo e do Outro para registrar a correspondência ou a não-correspondência desta ida a este regresso. De outro modo, o Mesmo e o Outro encontrar-se-iam reunidos sob um olhar comum e a distância absoluta que os separa seria preenchida (LÉVINAS, 1988b, p. 24).

Esta relação de distância ética absoluta garante a não totalização do *Outro* pelo saber e nos remete à dimensão de poder no pensamento levinasiano: "[...] a relação com os homens, irredutível à compreensão, se afasta por isto mesmo do exercício do poder, mas nos rostos humanos logra alcançar o infinito [...]" (LÉVINAS, 2005, p. 29-30).

É nessa distância que o outro surge como a revelação do Rosto[14] para esse autor: "O modo como o Outro se apresenta, ultrapassando a ideia do Outro em mim, chamo-lo, de facto, rosto. [...] O rosto de Outrem destrói a cada instante e ultrapassa a imagem plástica que ele me deixa, a ideia à minha medida [...]" (LÉVINAS, 1988b, p. 37).

O Rosto que irrompe da relação com *outrem* ultrapassa, no entanto, sua mera imagem plástica, objetificável. O acesso ao Rosto, segundo Lévinas (1988a, p. 77), não se daria, por este motivo, na percepção totalizante da visão:

> [...] pergunto-me se podemos falar de um olhar voltado para o rosto, porque o olhar é conhecimento, percepção. Penso antes que o acesso ao rosto é, num primeiro momento, ético. [...] A melhor maneira de encontrar outrem é nem sequer atentar na cor dos olhos! Quando se observa a cor dos olhos, não se está em relação social com outrem [socialidade]. A relação com o rosto pode, sem dúvida, ser denominada pela percepção, mas o que é especificamente rosto é o que não se reduz a ele (p.77).

---

[14] Encontramos, também, o uso do termo "Semblante" para designar a dimensão levinasiana de alteridade radical que irrompe na relação (DARTIGUES, 1992). Optamos o uso da nomenclatura "Rosto" por ser a mais utilizada nas traduções das obras levinasianas por nós referidas nesse estudo.

Diferente do olhar totalizador, a proposta levinasiana se pauta no acolhimento da expressividade do Rosto por uma escuta, pois, para Lévinas (1988b), o Rosto é significação, fala. Acolher é, portanto, ouvir o Rosto, pois ele fala, pede, ordena, interpela-me, e com isso exige resposta. Eis a origem do discurso para este autor, resposta ao desvelamento do Rosto, que é pressuposto de todas as relações humanas.[15]

O surgimento do discurso pela fala anterior e original do *Outro* nos traz a dimensão levinasiana da linguagem. Para este autor, a linguagem tem como intenção primordial o acontecimento ético, colocando em questão a posse do mundo pelo Ser, na medida em que instaura um mundo comum, uma primeira entrega:

> A relação com outrem não se dá fora do mundo, mas põe em questão o mundo possuído. A relação com outrem, a transcendência, consiste em dizer o mundo a Outrem. [...] A generalidade da palavra aponta, instaura um mundo comum. O acontecimento ético situado na base da generalização é a intenção profunda da linguagem (LÉVINAS, 1988b, p. 155).

Lévinas (1988b, 2005) concebe a linguagem a partir da dimensão originária da relação com outrem em contraposição a uma mera exteriorização de uma representação preexistente. Ela não se encontra subordinada à consciência, como se dela dependesse, pelo contrário, a linguagem a precede e a possibilita:

> A palavra delineia uma relação original. Trata-se de perceber a função da linguagem não como subordinada à *consciência* que se toma da presença de outrem ou de sua vizinhança ou da comunidade com ele,

---

[15] "[...] penso que, seja qual for sua inversão, a análise do rosto tal como acabo de fazer, com o domínio de outrem e da sua pobreza, com a minha submissão e a minha riqueza, é primeira. É pressuposto de todas as relações humanas" (LÉVINAS, 1988b, p. 81).

mas como condição desta 'tomada de consciência' (LÉVINAS, 2005, p. 27).

Linguagem por excelência, o encontro não totalizador entre o *Mesmo* e o *Outro* se dá pelo *face a face*: "Na relação interpessoal, não se trata de pensar conjuntamente o eu e o outro, mas de estar diante. A verdadeira união ou a verdadeira junção não é uma junção de síntese, mas uma junção do frente a frente" (LÉVINAS, 1988a, p. 69).

Nesta direção, Haddock-Lobo (2006, p. 16) afirma que "A tarefa central da obra de Lévinas [...] é o esforço em descrever a relação com outra pessoa, que não pode ser reduzida à compreensão. Ele descobre isso no que chamou, excelentemente, de relação 'face-a-face'".

Para Lévinas (2005), estar em relação com outrem face a face é um não poder matar. A morte, em Lévinas, aparece em seus escritos a partir da irrupção do Rosto que revela a mortalidade do outro, que me convoca, e da qual sou cúmplice (embora a alteridade, em Lévinas, não possa ser destruída). Diante disso "[...] não devo deixar outrem só, em sua solidão mortal" (LÉVINAS, 2005, p. 194).

A preocupação pela morte de *outrem* se coloca como anterior à preocupação pela minha própria morte. É um sair de si, ocupando-se do outro e de seu sofrimento. Este é o apelo primordial ao qual o Outro me impele, constituindo o meu próprio psiquismo. Sobre isto, Lévinas afirma em entrevista:

> Eu levo isso até a idéia de que sou responsável pela morte de outrem e mesmo até a ponto de pensar que o fato de ser afetado pela morte de outrem é o acontecimento notável e essencial de meu psiquismo enquanto psiquismo humano (POIRIÉ, 2007, p. 91).

Estranho ao eu, estrangeiro em sua miséria e nudez, o Rosto irrompe como um convite à violência, ao mesmo tempo que uma proibição (LÉVINAS, 1988a). Ele se apresenta como frágil, em sua possibilidade de assassínio, apesar da exigência senhoril que sua revelação também concerne. Sua fragilidade é apelo, é de onde emerge minha resposta de responsabilidade:

> [...] analiso a relação inter-humana como se, na proximidade com outrem – para além da imagem que faço de outro homem –, o seu rosto, o expressivo no outro (e todo o corpo humano é, neste sentido mais ou menos, rosto), fosse aquilo que me *manda* servi-lo (LÉVINAS, 1988a, p. 89).

Neste sentido, o acolhimento à expressividade do Rosto coloca-se como abertura à alteridade radical, visto que a exposição do Rosto na sua nudez e miséria é o chamado à minha responsabilidade, restando-me apenas como resposta o meu *eis-me aqui*. A abertura a esta alteridade radical coloca-se na intimação em acolher a expressividade do rosto pela via da sensibilidade (LÉVINAS, 1988b), respondendo-lhe, instituindo, assim, a linguagem. Esta se apresenta como um dizer, em contraposição a um dito, pressupondo, portanto, um interlocutor, um *para--alguém*, um sair de si.

A linguagem como um sair de si é, para esse autor, compreendida diante da ausência da possibilidade de um retorno ao *Mesmo*. Lançar-se para fora de si, sem retorno, colocar-se como movimento sem *pré-visão* de um ponto de chegada a partir da afectação do *Outro* que me tira de mim e me intima para além da minha vontade de respondê-lo. Eu sou, desde sempre, resposta a outrem.

Essa abertura ao *Outro*, relação ética por excelência, conforme Coelho Junior (2008, p. 211), dá-se no nível da sensibilidade, em contraposição ao da consciência: "A ética precisa ser vista como algo vivido na sensibilidade corporal de uma exposição constante ao outro.". Para Lévinas, sensibilidade e afetividade iniciam-se a partir do outro e para este, colocando-se como vias de abertura e acolhimento, resposta, tal como esclarece em entrevista:

> Na visão que eu desenvolvo, a emoção humana e sua espiritualidade começam no para-com-o-outro, na afeição pelo outro. O grande acontecimento e a fonte mesma de sua afetividade estão em outrem! Em todo sentimento intervém minha relação com o outro (POIRIÉ, 2007, p. 92).

Segundo Lévinas (1988b, p. 191), da dimensão do Rosto também irrompe o terceiro, estando este sempre subentendido na relação: "A presença do rosto – o infinito do Outro – é indigência, presença do terceiro (isto é, de toda a humanidade que nos observa) [...]". O terceiro, o *outro outro*, também único e diferente do *Outro* e do *Mesmo*, encontrando-se presente em toda relação do *Outro* com o *Mesmo*. Este pressuposto é o que traz, para Lévinas (1988b, p. 192), a dimensão de igualdade entre o Outro e o terceiro perante o *Mesmo*: "No acolhimento do rosto (acolhimento que é já a minha responsabilidade a seu respeito e em que, por consequência, ele me aborda a partir de uma dimensão de altura e me domina), instaura-se a igualdade".

O terceiro permite, portanto, o clamor por igualdade enquanto justiça, já que não poderia recorrer à justiça por mim, pressupondo alguma igualdade minha perante o *Outro*. O *Outro* me intima, me exige, mas na entrada do terceiro, este *outro outro*, que também me intima e exige, coloca-se a necessidade de justiça, pois os dois entre si encontram-se em uma mesma altura, ambos acima de mim.

Complexa forma de pensamento, o que nos interessa compreender disto é que "Toda a relação social, como uma deriva, remonta à apresentação do Outro ao Mesmo" (LÉVINAS, 1988b, p. 191) e que esta irrupção do Rosto pressupõe um terceiro, a humanidade inteira, que transforma a linguagem, instituída como resposta intimada a outrem, em justiça.

A alteridade radical é compreendida como constitutiva do sujeito na instauração da sua subjetividade e *incondição* nas relações sociais por este instituídas, mesmo diante de possibilidades de inversão e descaso, ou seja, não escuta do *Rosto* (LÉVINAS, 1988b). Assim, a Ética da alteridade do *Outro radical*, outro que já traz em si a presença do terceiro, apresenta-se como um chamado ao reconhecimento da alteridade radical como anterior, a partir e para além do ser.

É nesta direção que os escritos levinasianos nos remetem à *afecção* (FREIRE, 2002), a esta alteridade que é estranhamento e impossibilidade de apreensão racional, possibilitando-nos o questionamento do formato do nosso próprio pensamento e nos impelindo a uma abertura para além da nossa compreensão usual, pautada na totalização e no *Mesmo*.

Diante das proposições de Lévinas, que nos inquietam e nos intimam a pensar o *Outro* como para-além-de-mim e em uma abertura para esta alteridade que é radical, resta-nos indagar como tais formulações filosóficas acerca da metafísica do transcendente podem ser relevantes para o campo da psicologia, aproximando-o de nossa pesquisa.

2.2 Reverberações da ética como filosofia primeira na psicologia

Neste tópico, buscaremos elucidar reverberações da filosofia levinasiana no campo de saber psicológico, apontando heranças totalizadoras e alérgicas à alteridade na psicologia[16], bem como as implicações do reconhecimento desta ética primeira que culminam na produção de espaços profícuos de abertura à alteridade radical.

Como visto no tópico anterior, o pensamento levinasiano contrapõe-se à tradição filosófica ocidental, pautada na metafísica da presença. A proposta de delineamento, de reverberações da filosofia levinasiana na psicologia torna-se viável devido a esta ser, em grande medida, herdeira da filosofia tradicional, cartesiana e solipsista (COELHO JUNIOR; FIGUEIREDO, 2004).

2.2.1 Psicologia, herdeira do pensamento filosófico moderno

Segundo Figueiredo (2008), o surgimento das grandes propostas de apreensão do psicológico deu-se devido a dois momentos: o contexto histórico cultural de transição do renascimento para a modernidade, que propiciou a expe-

---

[16] Apesar de não concordamos com uma unidade chamada psicologia, pois compreendermos a existência de diferentes psicologias, optamos pela utilização do termo no singular, haja vista a generalização necessária neste primeiro momento. Em seguida, a partir do próximo capítulo, focaremos uma abordagem psicologia específica, a saber, a Abordagem Centrada na Pessoa. Reafirmamos, assim, que tomamos as psicologias "[...] como distintas formas de tratar a subjetividade e que, ao fazê-lo, por sua vez, constroem diferentes subjetividades" (FREIRE, 2001, p.12).

riência de subjetividade privatizada[17], e, mais à frente, a crise da modernidade, o fracasso desta experiência de cisão da subjetividade. A psicologia surge, assim, "[...] de um processo histórico-social que, simultaneamente, instituía cisões na experiência subjetiva e fracassava na manutenção destas mesmas cisões" (FIGUEIREDO, 2008, p. 39).

A partir de Descartes, colocou-se para a filosofia moderna e para a nascente psicologia "[...] uma distância irreconciliável entre eu e outro, ou entre consciência e mundo" (COELHO JUNIOR; FIGUEIREDO, 2004, p. 13). A cisão subjetiva que se refere ao surgimento como dualidades das divisões mente-corpo, razão-sentimento, eu-outro ou consciência-mundo, tem se presentificado no pensamento humano e nas formulações filosóficas e psicológicas.

É daí que surge, para esses autores, o *problema da intersubjetividade* e a busca por estabelecer pontes entre esses polos. A proposta levinasiana coloca-se, neste contexto, como uma tentativa específica de lidar com esta problemática tomando-a como uma questão, antes de tudo, ética. Lévinas nos remete a um novo conceito e experiência de intersubjetividade[18], a partir do reconhecimento do outro como Infinito e da relação não totalizadora com a alteridade. Coloca, assim, em xeque, o lugar de destaque do eu e do outro como

---

[17] Segundo Figueiredo (2008), a experiência de subjetividade privatizada foi possível diante da vivência de múltiplas verdades e a liberdade instaurada como saída da *experiência medieval*, pautada na verdade única instituída nas igrejas e feudos. O homem, agora, dono de si, capaz de fazer escolhas, tem espaço para variadas experiências subjetivas individuais e privadas. Para lidar com estas escolhas na busca pela verdade, a partir da sua racionalidade, institui a cisão corpo-mente. A crise nesta experiência de subjetividade privatizada se dá mediante a percepção de que essa liberdade é ilusória, do fracasso dessa cisão que garantiria o sujeito epistêmico pleno, autônomo e capaz de conhecer a si, a sua consciência e o mundo de forma objetiva.

[18] A *intersubjetividade traumática* reinstala uma distância entre o eu e o outro, apontando a ilusão do plano das intersubjetividades interpessoais, em que "Emerge com toda potência a questão ética: o outro – o outro concreto e singular – precede o eu e exige trabalho e esforço, e onde há trabalho e esforço há inadequação, dor e sofrimento" (COELHO JUNIOR; FIGUEIREDO, 2004, p. 15). Nesta medida, embora o *Outro* seja fundamental na constituição da subjetividade, não há adaptabilidade entre eu e o outro, não há totalização, unidade: "O outro não só me precede, sempre me excede" (COELHO JUNIOR; FIGUEIREDO, 2004, p. 16).

idêntico, presente no pensamento racional e universalizante, provindo da filosofia ocidental e instaurado na psicologia.

É neste sentido que a filosofia da ética radical intima a psicologia questionando as reais e profundas implicações do reconhecimento da anterioridade e *excedência do Outro*. A psicologia, de uma forma geral, ainda restringe-se ao terreno do idêntico, do mesmo, pautado na metafísica da presença, de um eu independente e autoconstituído:

> As psicologias, no nosso entendimento, deveriam dar conta das passagens, das rupturas, dos excessos, da transgressão, dos limites, do indeterminismo e da imprevisibilidade que caracterizam a existência humana. Entretanto, têm-se atado somente às identidades, aos estágios, às contenções, às normas, às perícias, ao determinado e ao previsível e controlável [...] Tememos que as psicologias que estão por aí não possibilitem esse encontro do sujeito com a alteridade do outro e de si, com o desconhecido, o diferente, o desafiante (FREIRE, 2001, p. 88).

2.2.2 O Outro como "não-eu" na psicologia

Contudo, como aquisição recente da psicologia (COELHO JUNIOR; FIGUEIREDO, 2004), o outro como "não-eu", mais especificamente, o outro radical, vem suscitando reverberações no saber e prática psicológicos através de críticas e estudos que buscam, de diferentes formas, desvelar a dimensão de *Rosto* e apontar possibilidades para abertura a esta alteridade (BIRRELL, 2006; BOSI; CARVALHO; FREIRE, 2009; DOUGLAS, 2005; WHITING; NEBEKER; FIFE, 2005; FREIRE, 2000, 2001, 2002, 2003; FREIRE; MOREIRA, 2003; GANTT, 1994, 2000; VIEIRA; FREIRE, 2006).

Esta abertura, o reconhecimento da *irrupção do Outro radical* como *incondição* da subjetividade e das relações, abre espaço para a compreensão, pelas psicologias, do sujeito a partir da sua alteridade, permitindo a escuta do excluído, do estranho e imprevisível sem se estabelecer como uma forma de adaptação ou eliminação deste (FREIRE, 2003).

A escuta da alteridade radical é ainda um desafio à ciência e profissão psicológica e as intima a uma ética como filosofia primeira. Pensar dessa forma, mais do que a defesa de uma determinada postura ou pensamento a ser seguido, é um convite para deixar-se impactar, abrindo espaço para reflexões e diferenças acerca das dimensões éticas que permeiam a teoria e atuação profissional em psicologia.

Tomamos por dimensão ética "[...] essa dimensão que diz respeito ao sentido, ao juízo e às consequências de comportamentos de uns que afetam a outros" (FREIRE, 2003, p. 13). Podemos situar, no campo psicológico, três dimensões éticas, tal como explicitado por Freire (2003): a subjacente a um sistema teórico que sustenta determinada prática, a instituída pelo código de conduta profissional do psicólogo, e a levinasiana, intimação à resposta perante outrem.

No que concerne à ética subjacente aos arcabouços teóricos psicológicos, observamos as implicações éticas das posturas profissionais provocadas pelos diferentes sistemas psicológicos a partir da visão que instituem de mundo, de homem e de psicologia.

Figueiredo (2008) vai além e defende que a verdadeira questão ética na psicologia é pensar que os sistemas teóricos que constituem esse campo do saber provêm de um contexto histórico-cultural específico e cumprem uma função social, cabendo-nos a necessidade de uma apropriação crítica destes. Já Freire (2003, p. 12) aponta que as psicologias são "[...] distintas formas de tratar a subjetividade e que, ao fazê-lo, por sua vez, constroem diferentes subjetividades". Nesta medida, a psicologia, em sua diversidade de sistemas teóricos, pode ser considerada como uma prática moral com consequências políticas, diferente de uma pretensa neutralidade (GANTT, 1994).

Entretanto, geralmente, a ética na profissão psicológica é vista apenas como um sistema dado de regras de como se relacionar com colegas e clientes (BIRRELL, 2006). Para essa autora, somente a adesão aos códigos e à formalização da relação terapêutica[19] não é suficiente, pois a prática psicológica seria mais da ordem da afetação e do pessoal, sendo a escuta ética, sensível, não um pensamento posterior, mas a principal consideração da utilidade clínica.

Birrell (2006) contesta, ainda, a aplicabilidade de uma ética generalista em uma vivência tão singular como a clínica. Esta autora critica o pensamento ocidental que embasa uma noção de ética pautada principalmente na autonomia e na universalidade, distante de uma ética pautada no *Outro*, na singularidade e no *eis-me aqui* levinasiano. Desta forma, revela a necessidade de uma ética primeira na relação profissional psicológica ao constatar em seus estudos a não suficiência da adesão ao código de ética profissional para uma prática efetivamente Ética, de acolhimento ao *Outro radical* que emerge da relação profissional psicológica.

A *irrupção do Rosto* não parte de uma escolha, nem de definições prévias do modelo de atendimento, e também não provêm do interesse do psicólogo. Ela se dá como estranhamento, como inusitado, ao qual o profissional é submetido e intimado a uma responsabilidade pela qual ele não optou.

---

[19] Boa parte das reflexões aqui travadas acerca da prática psicológica parte da relação terapêutica. Apesar de não termos feito este recorte de forma mais específica ainda, esse trabalho focará essa atuação, tal como explicitaremos em breve.

Whiting, Nebeker e Fife (2005) nos trazem a importância da responsabilidade do terapeuta pensada a partir da epifania do *Rosto* na relação terapêutica. Eles aproximam essa responsabilidade da experiência de respeito, inspiração ou sentimentos de obrigação para com o cliente que chega pelas vias de sentimentos repentinos, ideias intuitivas ou mudanças na atitude relacional na experiência terapêutica.

Para esses autores, a obrigação ética do encontro face a face se expressa na forma de fenômenos relacionais e atitudes. Nestas últimas, encontramos a atitude de colocar as necessidades do outro à frente das suas, a do sentimento de responsabilidade pelo outro sem aguardar reciprocidade e a provisoriedade dos diagnósticos, evitando a redução do outro a categorizações rígidas. Já nos fenômenos relacionais, encontramos a surpresa diante de momentos em que o cliente excede as concepções e expectativas prévias do terapeuta ou quando o próprio terapeuta faz algo não esperado pelo cliente ou por ele mesmo, as interrupções diante da redução da experiência do cliente ou conclusões precipitadas, as mudanças na estratégia de intervenção em resposta ao outro e as clarificações e reparações diante de situações de engano ou desentendimentos.

Para Gantt (2000), o profissional de psicologia é intimado a sofrer pelo e com o cliente como uma alternativa radical de entendimento sobre a relação terapêutica. Sofrimento, aqui, é entendido por ele a partir de dimensões físicas, psicológicas e espirituais, para além da redução a um sintoma visando um diagnóstico. Seguindo o viés levinasiano, ele aponta a impossibilidade de reduzir ou capturar a alteridade e, apesar de não enveredar pela linha utilitarista desta ação, ele defende esta preocupação como geradora de resultados terapêuticos satisfatórios.

Freire (2000, 2001, 2002), por sua vez, analisa o lugar do outro a partir de uma escuta ética, em abordagens significativas da psicologia, propondo a inclusão da discussão da alteridade radical nestas perspectivas ainda surdas ao *Outro*. Ele nos remete, em seus estudos, ao lugar das psicologias na sociedade contemporânea, focado em uma *consciência de si*, e propõe uma *consciência do outro que si* ou *consciência de ser para outrem*, configurando-se em:

> Primeiramente, respeitar o Outro enquanto interlocutor, enquanto parceiro numa comunidade de discursos; [...] possibilitar uma atitude crítica do outro frente ao mundo do consumo; [...] escutar as diferenças, ou seja, a alteridade dos discursos provenientes de culturas diversas; [...] partilhar a intersubjetividade que acolhe a narrativa do outro (na psicoterapia, por exemplo) (FREIRE; MOREIRA, 2009, p.153).

Freire (2003) defende a necessidade dos serviços de psicologia se constituírem como modos de estar a serviço do *Outro*, oferecendo uma morada temporária, propiciando o encontro da pessoa com os outros e as suas diferenças. Para ele,

> Aquele que procura o serviço de psicologia é um outro em relação ao profissional, em primeiro lugar. Esse cliente, por sua vez, detém um outro em si mesmo, mas também interage com outros específicos em sua família, seu trabalho, na sua vida geral. E, não podemos nos esquecer, foi constituído enquanto subjetividade a partir de um Outro (bem como o profissional ele mesmo). A alteridade está presente de variadas formas nessa relação possível entre o profissional que se oferece e o cliente [seja indivíduo, grupo, organização, dentre outros] que o procura (FREIRE, 2003, p. 13).

Desta forma, o reconhecimento da ética como filosofia primeira, na psicologia, o realocamento, aí, do lugar do *outro absoluto*, instaura uma série de pontos de tensão acerca da abertura à alteridade radical que irrompe sem pedir permissão nas práticas psicológicas, tencionando os arcabouços teóricos que as embasam. Intima-nos a propiciar, neste campo, um espaço com o inesperado, com o inusitado, que constitui a vivência humana, para além de *práticas ortopédicas* (FREIRE, 2001; VIEIRA; FREIRE, 2006) de adequação e controle pelo uso de técnicas subsidiadas pelo saber psicológico.

Nosso trabalho segue este rastro, buscando apontar as possibilidades de abertura à alteridade radical nos discursos de Psicoterapeutas Centrados na Pessoa, como clarificado posteriormente. O breve panorama, delineado aqui, das reverberações das proposições levinasianas na Psicologia, serve-nos no intuito de aproximar a alteridade radical levinasiana da e na relação profissional instituída na prática psicológica, em especial da relação terapêutica.

Cabe ao próximo capítulo afunilar ainda mais nosso campo de interesse, apresentando um recorte da prática psicológica, a psicoterapia, reflexões estas embasadas por uma teoria psicológica específica, a Abordagem Centrada na Pessoa.

CAPÍTULO 2

A PSICOTERAPIA CENTRADA NA PESSOA: A RELAÇÃO TERAPÊUTICA COMO LUGAR DE EMERGÊNCIA DA ALTERIDADE

Este capítulo tem como objetivo proporcionar reflexões acerca da emergência da alteridade na relação terapêutica da Psicoterapia Centrada na Pessoa. Para tanto, é necessário a apresentação dessa proposta psicoterápica com suas características e especificidades provindas das formulações de Carl Rogers (1902 - 1987) e seus colaboradores, focando a relação terapêutica configurada e alcançando a noção de Psicoterapia Centrada na Pessoa. Em seguida, aproximaremos esse tipo de relação terapêutica de uma discussão ética para retomarmos as reflexões traçadas anteriormente sobre a emergência da alteridade e o lugar do outro na psicologia, mais especificamente no que diz respeito a essa prática psicoterápica.

Tomamos o termo Psicoterapia Centrada na Pessoa (PCP), a partir de Cury (1993), para designarmos a prática de psicoterapia embasada pela Abordagem Centrada na Pessoa (ACP) [20]. A adoção desse termo nos traz as noções de relação terapêutica e de processo terapêutico condizentes com a psicoterapia individual como um grupo diádico (CURY, 1993), um grupo de dois (WOOD, 1983). A visão dessa autora provém da reverberação das experiências com grupos vivenciadas por

---

[20] O termo Abordagem Centrada na Pessoa é utilizado de duas formas ao longo desse capítulo. É a nomenclatura que usamos para nomear, de uma forma geral, a teoria e proposta de relações humanas rogeriana reconhecida e adotada por diversos profissionais. Mas também situamos historicamente essa nomeação que foi alcançada em um momento específico do constructo rogeriano, o que a diferencia, em certo sentido, de outros momentos anteriores do pensamento rogeriano, ainda que tenham acarretado na sua formulação. Apresentaremos esse desenvolvimento mais à frente.

psicoterapeutas dessa Abordagem, acarretando em reformulações de suas práticas de terapia individual, como será melhor explicitado adiante.

Para compreendermos essa proposta de psicoterapia, é necessário que conheçamos o desenvolvimento da Abordagem Centrada na Pessoa, em seus diferentes momentos, constituindo uma visão panorâmica das formulações de Rogers e seus colaboradores acerca da psicoterapia para, então, chegarmos à proposta por nós adotada de Psicoterapia Centrada na Pessoa.

3.1 A psicoterapia nas fases do pensamento rogeriano: da não-diretiva à experiencial

A Abordagem Centrada na Pessoa é uma teoria das relações humanas que foi constituída a partir da experiência na prática clínica do seu fundador, o psicólogo norte-americano Carl Rogers, que iniciou sua carreira como psicoterapeuta nos anos 30 (WOOD, 2008), nos Estados Unidos, e de pesquisas junto aos seus colaboradores. Se for para apontar um período específico do surgimento dessa Abordagem como formulação embrionária, é comumente adotado o dia 11 de dezembro de 1940 (PINHEIRO, 2004; WOOD, 1983), quando Rogers, ao proferir uma palestra, se deu conta do caráter inovador e destoante de seus pensamentos.

A partir de então, o pensamento rogeriano passou por desdobramentos acerca da proposta singular de psicoterapia. Segundo Moreira (2010), a percepção de um potencial positivo para o desenvolvimento das pessoas que atendia levou Rogers à formulação do conceito de tendência atualizante, ideia central ao longo desses desdobramentos. A tendência atualizante é compreendida como uma tendência inerente aos seres humanos que os direcionaria à manutenção e ao crescimento como expansão (WOOD, 1983).

De uma forma geral, temos como as diferentes fases da ACP, tal como usualmente são apresentadas: a Fase não-diretiva, de 1940 a 1950; a reflexiva, de 1950 a 1957; e a experiencial, de 1957 a 1970, essas duas últimas da Terapia Centrada no Cliente (CURY, 1987). A essas, foram acrescentadas outras duas fases: a coletiva (MOREIRA, 1990, 2007) ou inter-humana (HOLANDA, 1998), no período de 1970 a 1986, momento em que Rogers afastou-se da psicoterapia individual e voltou-se para questões mais amplas e trabalho com grupos; e a fase neo-rogeriana ou pós-rogeriana (MOREIRA, 2010b), referente ao desenvolvimento da ACP a partir de diferentes vertentes, após a morte de Rogers, em 1987.

Em nosso escrito, a compreensão desses momentos se dá mediante o intuito de possibilitar a compreensão do desenvolvimento conceitual e prático do pensamento rogeriano, focando a psicoterapia. Assim, nos deteremos às três primeiras fases, período em que Rogers encontra-se voltado diretamente para a psicoterapia, ainda que cheguemos a citar as duas últimas ao longo de nosso texto.

3.1.1 Fase da psicoterapia[21] não-diretiva (1940 – 1950)

Refere-se ao período em que Rogers trabalhou como docente na Universidade de Ohio e em que se deu a publicação de seu segundo livro, *Psicoterapia e consulta psicológica* (1942)[22]. Essa obra, referência dessa fase, desenvolve as ideias

---

[21] Cury (1987) refere-se, nessa fase, a *Aconselhamento* ao invés do termo *Psicoterapia*, pois a prática de psicoterapia ainda era exclusividade médica. Esse período foi, inclusive, marcado pela luta para ampliação dessa prática por Rogers (ROGERS; ROSEMBERG, 1977). Ainda assim, para fins desse escrito, utilizaremos o termo *Psicoterapia não-diretiva*, tal como Moreira (2010b). O mesmo ocorre no que se refere ao tratamento do profissional como conselheiro (CURY, 1987) ou como terapeuta (MOREIRA, 2010b). Adotamos este último para nos referir ao profissional que realiza atendimento clínico ainda que nessa fase.

[22] Iremos nos referir às datas originais das obras citadas.

lançadas na palestra de 11 de dezembro, já referida acima, e que não deixam de ser provenientes também de suas experiências clínicas em um instituto em Rochester, atendendo crianças (MOREIRA, 2010b).

Nesta fase, para Rogers (1974, p. 11), "[...] a consulta psicológica é um processo susceptível de ser conhecido, previsto e compreendido, um processo que pode ser aprendido, testado, elaborado e aperfeiçoado". É com esse intuito que ele procura, através desse livro, expor suas convicções e incitar maiores investigações no campo da psicoterapia e consulta psicológica.

O autor trouxe de singular em sua proposta a ideia da terapia não mais como uma preparação para a mudança, sendo ela mesma já um processo de mudança, apresentando a relação terapêutica como uma experiência de crescimento para o cliente (CURY, 1987). São também características da compreensão de psicoterapia nesse período: a base em um impulso individual para o crescimento, uma maior ênfase em sentimentos em detrimento de aspectos intelectuais, o foco no presente ao invés do passado do indivíduo e o interesse no indivíduo como um todo em vez de uma atuação voltada para o problema (MOREIRA, 2010b).

A respeito da obra de referência dessa época, Rogers afirma em entrevista a Richard Evans: "O tema central era a noção de que o potencial para uma saúde melhor residia no cliente e foi, certamente, um livro com orientação bastante técnica. As respostas do conselheiro deveriam ser do tipo capaz de desenvolver o potencial do cliente" (EVANS, 1979, p. 261-262). Nessa nova proposta, é atribuída ao terapeuta uma relação afetivamente controlada e de neutralidade com a primazia de técnica que propicia maior permissividade (MOREIRA, 2010b) e livre expressão do cliente, com foco na modificação na percepção de si (*insight*) desse último (CURY, 1987). Assim, o processo terapêutico aqui é compreendido como uma sequência de eventos ao longo do tempo.

É nesse período que o terapeuta renuncia um papel de especialista (WOOD, 1983), já que é o próprio cliente quem deve conduzir o processo. Isso significa que esse profissional deveria intervir minimamente, deixando que o cliente guiasse as sessões, abrindo mão de uma autoridade incompatível à atuação terapêutica (CURY, 1987). Daí a utilização, na época, da ideia de não diretividade do terapeuta. Rogers (1974) afirma que o termo não diretivo diz respeito a um protesto, marcando, portanto, uma diferença com relação às posturas tradicionalmente adotadas pelos terapeutas até então.

Assim, a ideia de não diretividade buscava demarcar uma diferença de postura do terapeuta, afastando-se de uma noção de autoridade imbuída, até então, na figura do terapeuta. Para isso, fazia-se necessário que ele evitasse sugestões ou orientações, com a preocupação com o não estabelecimento de qualquer tipo de pressão ou coerção da sua parte, deixando o andamento a cargo do cliente.

O termo *não-diretivo* sofreu inúmeras críticas, acarretando em mitos e mal-entendidos com a ideia de *laissez-faire* (MOREIRA, 2010b), de inatividade do terapeuta rogeriano (HOLANDA, 1998), embora a significação dada por Rogers não implique em "[...] ausência de atividade, mas ausência de atividade intervencionista" (ROGERS; KINGET, 1977, p. 34), como o uso de interpretação, por exemplo, tida, na época, como função do terapeuta. Segundo Moreira (2007, p. 64) esse termo "[...] liga-se ao caráter puramente negativo do termo, que não reflete adequadamente os aspectos positivos dos pressupostos rogerianos". Rogers deixa de utilizar essa nomenclatura na década de cinquenta, ainda que a possamos encontrar como referência à teoria rogeriana devido à grande difusão da mesma na época (MOREIRA, 2010b).

A insatisfação com o termo *não-diretivo* pela impressão transmitida de uma ação *sem direção*, neutra, bem como a passagem do aconselhamento para o campo da psicoterapia propriamente dita, levaram à nomeação Terapia Centrada no Cliente (TCC) (CURY, 1987; ROGERS; KINGET, 1977). Cury (1987) elenca como constituintes da TCC a fase reflexiva e a fase experiencial.

3.1.2 Fase da psicoterapia reflexiva (1950-1957)

Rogers ensinava psicologia e montou um Centro de Aconselhamento na Universidade de Chicago (LEITÃO, 1986), publicando o livro *Terapia Centrada no Cliente* em 1951, obra ilustrativa desse momento. Foi nesse período que apareceram as primeiras referências sobre a tendência direcional positiva, nomeada posteriormente de tendência atualizante (MOREIRA, 2010a). Nessa fase, o autor também começou a formular as atitudes facilitadoras, na tentativa de criação, por parte do terapeuta, de um acolhimento, de uma atmosfera desprovida de ameaças para o cliente (EVANS, 1979). São três essas atitudes[23]: a empatia, a consideração positiva incondicional e a congruência.

A empatia diz respeito ao terapeuta sentir o mundo do cliente, sua raiva, medo e confusão como se fossem seus fossem seus, mas sem serem seus efetivamente (não perdendo a qualidade de *como se*). O movimento do terapeuta se daria livremente no mundo do cliente podendo comunicar,

---

[23] Por enquanto, iremos apresentar as atitudes facilitadoras tal como aparecem nessa fase. Mais adiante, voltaremos a esse importante constructo da teoria rogeriana, desenvolvido a partir da presente conceitualização.

para ele, elementos já conhecido e outros não conhecidos assim. O cuidado não possessivo com o cliente, uma forma de apreciar o cliente e aceitar calorosamente cada aspecto da experiência desse, é apresentado como consideração positiva incondicional.

Já a autenticidade é tida como o terapeuta, na relação terapêutica, ser uma pessoa genuína, integrada e congruente, sendo ele mesmo, ainda que diante de situações consideradas não ideias para a psicoterapia. Assim, seria, por exemplo, o terapeuta estar ciente de que não está conseguindo ouvir o cliente naquele dia, ou de que determinado cliente lhe traz medo, não precisando, necessariamente, externar tais compreensões, expressando seus sentimentos ao cliente. Isso seria preciso, em algumas situações, quando os sentimentos do terapeuta estiverem obstruindo as outras duas atitudes.

Desta forma, em 1957, em um dos artigos seminais de Rogers (MOREIRA, 2010b; ROGERS, 2008), foram publicadas como condições necessárias e suficientes à mudança construtiva da personalidade:

> 1.Que duas pessoas estejam em contato psicológico; 2.Que a primeira, [...] cliente, esteja num estado de incongruência, [...] vulnerável ou ansiosa; 3.Que a segunda pessoa, [...] terapeuta, esteja congruente ou integrada na relação; 4.Que o terapeuta experiencie consideração positiva incondicional pelo cliente; 5.Que o terapeuta experiencie uma compreensão empática do esquema de referência interno do cliente e se esforce por comunicar esta experiência ao cliente 6.Que a comunicação ao cliente da compreensão empática do terapeuta e da consideração positiva incondicional seja efetivada, pelo menos num grau mínimo (ROGERS, 2008, p. 145).

O papel do terapeuta é compreendido como o de criar um ambiente desprovido de ameaças para promover o crescimento do cliente. Para isso, era utilizado, principalmente, o reflexo de sentimentos, daí a nomeação da fase de reflexiva (MOREIRA, 2010b). O terapeuta, portanto, passa a ter um papel mais ativo, como a própria mudança de nomenclatura sugere, de *não-diretivo* a *centrado no cliente* (CURY, 1987). Sua atenção está voltada de forma intensa para o cliente, implicando em uma maior participação subjetiva, ainda que não seja expressa ao cliente durante o atendimento.

Neste sentido, o terapeuta é mais ativo e atento aos sentimentos provocados nele pelo cliente, reconhecendo a importância da experiência vivida na relação terapêutica para sua vida pessoal (CURY, 1987). Já o processo terapêutico nesse período é tido como uma composição causal entre eventos, do tipo causa-e-efeito (CURY, 1987, 1993), o terapeuta aplica as condições apresentadas para que ocorra uma mudança processual efetiva.

3.1.3 Fase da psicoterapia experiencial (1957- 1970)

A fase experiencial é a última que conta com a participação direta de Rogers no desenvolvimento teórico e prático da psicoterapia, correspondente ao seu período em Wisconsin (MOREIRA, 2010b). A obra de referência desse momento é *On becoming a person*, de 1961, publicado no Brasil, sob o título de *Tornar-se Pessoa*, apenas em 1976, ainda segundo essa autora.

Nesse período, é redimensionada a importância dos sentimentos do terapeuta para o andamento da psicoterapia (CURY, 1987), pois sua experiência é considera parte da relação ali estabelecida, possibilitando o estabelecimento do diálogo como um encontro existencial (MOREIRA, 2010b). Se no momento passado o terapeuta reconhece suas experiências subjetivas como relevantes, embora não as expresse, agora a expressão dessas passa a ganhar destaque no papel do terapeuta, enfatizando-se a autenticidade como "[..] estar presente na experiência da relação terapêutica" (MOREIRA, 2010b, p. 540).

Isso se deu como desdobramento da experiência vivenciada por Rogers e seus colaboradores no atendimento de pessoas ditas esquizofrênicas no intuito de perceber a aplicabilidade da teoria a um público mais abrangente do que aos chamados neuróticos (CURY, 1987). Os participantes dessa pesquisa perceberam a importância de responder empaticamente não apenas ao conteúdo do que é falado, mas à significação, à experiência sentida, à vivência presente, seja através do silêncio quase absoluto ou de outras formas de expressão (GENDLIN, 1987), implicando em uma maior presença autêntica por parte do terapeuta.

Desta forma, a preocupação com a técnica deu lugar à atitude, e a experiência ganhou cada vez mais espaço, gerando maior fluidez nos conceitos dessa teoria, em especial a partir da formulação do conceito de experienciação ou experiência imediata de Eugene Gendlin[24]. Tal conceito designa a "experiência vivida" ou "[...] processo de sentimento, vivido corpórea e concretamente que constitui a matéria básica do fenômeno psicológico e de personalidade" (GENDLIN, 1961, p. 357). Sobre a reverberação desse conceito na teoria rogeriana, Rogers (1997, p. 171) conclui: "Gendlin chamou-me a atenção para a qualidade significativa da vivência como ponto de referência".

---

[24] Gendlin conheceu Rogers por volta dos anos 50, foi supervisionado por ele na formação de psicoterapeuta e participou da equipe de estudos por 11 anos (GENDLIN, 1992; MESSIAS; CURY, 2006). Foi pesquisador do projeto de psicoterapia com esquizofrênicos em Winsconsin e participou da consolidação da Psicologia Humanista e do surgimento do movimento de grupos de encontro (MESSIAS; CURY, 2006). Acabou por fundar a Terapia Orientada pela Focalização ou Teoria Experiencial.

Esse novo conceito permitiu também uma compreensão de processo terapêutico como um movimento ou fluxo experiencial. Um dos marcos característicos dessa fase foi a elaboração da escala de medição do processo terapêutico que assinala a psicoterapia como processo de mudança. No texto de 1958, reproduzido no livro *Tornar-se Pessoa*, já apresentado nesse trabalho, Rogers (1997) estabelece sete estágios desse processo em um *continuum*, que vai de um estado de maior rigidez a uma maior fluidez experiencial do cliente, em direção a uma maior abertura à experiência.

Segundo Rogers (1997, p. 86) "o processo da psicoterapia [...] é uma experiência única e dinâmica, diferente de indivíduo para indivíduo, mas patenteando uma lei e uma ordem espantosa na sua generalidade". Nesta perspectiva, "A conseqüência desse movimento é uma alteração na personalidade e no comportamento no sentido da saúde e da maturidade psíquica e de relações mais realísticas para com o eu, os outros, o mundo circundante." (p. 77). Essa alteração poderia se dar de forma mais superficial ou mais profunda, como o próprio autor aponta: "[...] esse processo é algumas vezes superficial, envolvendo de início uma nova orientação para um problema imediato; [e em] outras vezes é profundo a ponto de envolver uma completa reorganização da personalidade" (ROGERS, 2008, p. 31).

Na terapia, portanto, se daria a libertação e facilitação da tendência atualizante do organismo que outrora se vira bloqueada (ROGERS, 1997). Isto levaria a uma mudança no ponto de avaliação que fundamenta a tomada de comportamento, passando este a ser embasado pelas necessidades do e a partir de um foco de avaliação no próprio organismo. O cliente passaria, então, a ser

> [...] capaz de confiar mais no seu organismo no que se refere ao seu funcionamento, não porque seja infalí-

vel, mas porque pode estar completamente aberto às conseqüências de cada um dos seus atos e corrigi-los se eles não o satisfizerem (ROGERS, 1997, p. 219).

O processo terapêutico é apresentado, assim, como esse espaço de facilitação da vivência da experiência, da experienciação (GENDLIN, 1961; MESSIAS; CURY, 2006) do cliente na busca por tornar-se quem ele é, na qual passaria a ser cada vez mais ele mesmo. A terapia levaria, portanto, o cliente a *ser o que se é*, aproximando-o de um modo de funcionamento mais flexível e integrativo, denominado de funcionamento pleno. Inspirado na expressão utilizada pelo filósofo dinamarquês Sôren Kierkegaard, *ser o que realmente se é*, Rogers (1997, p. 129-130) nomeia de *tornar-se pessoa* o processo pelo qual o indivíduo

> [...] experiencia os vários elementos em si mesmo que se encontravam escondidos dentro dele. Desta forma, cada vez mais ele se torna ele mesmo – não uma fachada de conformidade aos outros, não uma negação cínica de todos os sentimentos, nem uma frente de racionalidade intelectual, mas um processo vivo, que respira, sente e oscila [...].

Para Cury (1987), tanto o terapeuta quanto o cliente estão nesse processo de *tornar-se* e ambos afetam-se mutuamente, mesmo que em níveis diferentes. O que diferencia significativamente o terapeuta é a "[...] disponibilidade [...] para fluir de acordo com as experiências diretamente sentidas durante a interação num grau mais aprofundado do que o cliente" (CURY, 1987, p. 22).

Ao se debruçar sobre a temática da relação, Rogers (1997) passa a considerá-la tal como a relação *Eu-Tu* buberiana, na qual "[...] parece que existe um real e experiencial encontro de pessoas, no qual cada um de nós é modificado" (DIÁLOGO,

2008), devido a um "[...] profundo sentimento de comunicação e unidade" (EVANS, 1979, p. 262) vivenciado por terapeuta e cliente.

Apesar da relutância de Buber em considerar a relação terapêutica como uma relação *Eu-Tu* devido à diferenciação de papeis existente (CURY, 1987; AMATUZZI, 1989), Rogers insiste em afirmar certa neutralização dessas diferenças que se daria ao longo dos contatos terapêuticos (CURY, 1993). Amatuzzi contribui com a discussão ao esclarecer que Buber estava preocupado com a plenitude da relação humana, tendo Rogers, nesse momento, uma preocupação com a plenitude da relação terapêutica. Amatuzzi (1989, p. 60), a partir do diálogo de Rogers com Buber, aponta que

> [...] mesmo colocando os limites à mutualidade, ele [Buber] considera essas situações (terapia e educação) como relações Eu-Tu, embora impossibilitadas de toda a plenitude possível a uma relação Eu-Tu (exatamente porque é nessa impossibilidade que se definem como terapia e educação especificamente).

A psicoterapia, portanto, é, nesta perspectiva, uma forma específica de relação *Eu-Tu* em que o objetivo é mais voltado para uma pessoa, embora uma relação não possa ser profundamente terapêutica sem a presentificação das pessoas envolvidas, sem que se constitua como algo significativo também para o terapeuta (AMATUZZI, 1989). Estaria presente, assim, uma horizontalidade na relação terapêutica e o foco no entre, na relação.

A vivência do terapeuta nos atendimentos ganha ênfase em uma compreensão de relação terapêutica como experiência intersubjetiva em prol do cliente. A relação passa a ser considerada, portanto, bicentrada ou bipolar (CURY, 1987) e não mais centrada no cliente, mas na relação estabelecida entre terapeuta e cliente. É nessa medida que essa fase aproxima-se da tradição fenomenológica (MOREIRA, 2010b). No entanto, é deixada de lado nas atuações de Rogers na fase posterior por esse autor insistir em focar no cliente, em uma noção de interioridade, em detrimento da relação intersubjetiva (MOREIRA, 2007, 2010b). Em um estudo realizado por Moreira (1990), analisou-se a prática desenvolvida por Rogers em diferentes fases e constatou-se que, após a fase experiencial, que traz uma aproximação com o viés fenomenológico, focando a relação como intersubjetiva, há um retorno a um centramento no cliente e consequente afastamento da perspectiva fenomenológica.

Parece-nos que Rogers foi experimentando, ao longo da evolução clínica aqui apresentada, uma diferenciação entre a expressão do terapeuta e a coerção que a figura do terapeuta pudesse vir a acarretar, encontrando, inicialmente, técnicas que, incorporadas pelo terapeuta como atitudes, possibilitavam uma expressão desse profissional que não fosse condizente com uma noção de autoridade. Percebemos, nesse sentido, que nas formulações rogerianas o terapeuta vai ousando uma maior pessoalidade na relação, de uma preocupação inicial em não intervir, ou seja, focado em uma negativa, em um não fazer algo, para a compreensão de que sua expressão acerca da sua experiência subjetiva é relevante para o bom desempenho de sua função de psicoterapeuta. Isso tem implicações para a relação terapêutica dessa Abordagem, conforme apontaremos posteriormente.

3.2 A passagem da psicoterapia centrada no cliente para a psicoterapia centrada na pessoa

Wood et al. (2008) apontam que a fase experiencial da Terapia Centrada no Cliente foi a base a partir da qual sobreveio a ACP. Os autores afirmam que

> Rogers considerou a Abordagem Centrada na Pessoa como uma forma singular de abordagem, organizadora da experiência bem sucedida, em diversas atividades. A Terapia Centrada no Cliente foi a primeira dessas aplicações e consistiu na facilitação do crescimento pessoal e saúde psicológica de indivíduos numa psicoterapia pessoa-a-pessoa (WOOD et al., 2008, p. 14).

A denominação de Abordagem Centrada na Pessoa foi adotada a partir de 1976, formalizada no livro *Sobre o poder pessoal*, de 1977 (MOREIRA, 2010b; ROGERS, 2001). A utilização do termo Abordagem traria a dimensão de uma ampliação para os preceitos rogerianos para além da clínica, abarcando as experiências com grupos, com mediação de conflitos, na educação, dentre outros (AMATUZZI, 2010; WOOD, 1983; WOOD et al., 2008).

A ACP relaciona-se mais a um modo de ser, que acarreta modos de fazer, do que a uma aplicabilidade específica, um jeito uniforme de agir (AMATUZZI, 2010). Ela é "É meramente uma abordagem; nada mais, nada menos. É um 'jeito de ser' [...] ao se deparar com certas situações [...]" (p. 14). Este *jeito de ser* seria, portanto, uma postura diante da relação com o outro em vários contextos, que consistiria em uma perspectiva de vida positiva; na crença da tendência formativa direcional[25]; na intenção de eficácia

---

[25] Refere-se à tendência formativa, uma ampliação da noção de tendência atualizante, que será melhor explicitada a seguir. Essas tendências "São tendências naturais de um organismo para atingir um maior grau de harmonização dinâmica interna e externa, exercitando suas potencialidades adaptativas e transformativas" (BRANCO, 2008, p. 69).

nos objetivos; no respeito à autonomia e dignidade do individuo; na flexibilidade de pensamento e ação e na tolerância quanto às incertezas; e senso de humor, curiosidade e humildade (WOOD *et al.*, 2008). Para Cury (1993), esse *jeito de ser* se afasta da adoção de uma técnica, mas encontra-se na expressão de atitudes e comportamentos do terapeuta.

No que se refere mais diretamente à psicoterapia, foco de nosso trabalho, a fase experiencial aparece como o momento final de participação direta de Rogers em formulações acerca da psicologia clínica (CURY, 1993). Com o afastamento de Rogers dessa atuação, enveredando pelo trabalho com grupos, o que rendeu uma grande difusão da Abordagem em diferentes países[26], a produção teórica acerca da clínica individual destoou das novas experiências com grupos e com os poucos escritos acerca dessa nova etapa.

É visando uma atualização da psicoterapia embasada nessa Abordagem, na evolução trazida pelas experiências de grupo, que Cury (1993) propõe uma nova fase de desenvolvimento dessa prática clínica, a Psicoterapia Centrada na Pessoa. Isso se deu diante da necessidade de uma denominação para a psicoterapia desenvolvida a partir da evolução da Terapia Centrada no Cliente em Abordagem Centrada na Pessoa[27], o que, para essa autora, é mais do que uma ampliação dos campos de atuação da teoria rogeriana no que diz respeito à terapia. Cury (1993, p. 231) afirma:

---

[26] A vinda de Rogers para o Brasil, nos anos 1977 e 1978, por exemplo, impulsionou a Abordagem no país, proporcionando a experiência com grupos nessa vertente a um grande número de pessoas, formando uma primeira geração de profissionais da Abordagem que ainda hoje contribuem e influenciam as novas gerações de profissionais (BANDEIRA; CHAVES, 2011).

[27] A mudança do termo *cliente* por *pessoa* é trazida por Wood (1983) como uma mudança de perspectiva das atitudes do terapeuta na relação. O centro não é aqui o paciente, nem o cliente, nem mesmo a teoria, a pessoa como um todo. Para Moreira (1990, 2007), o termo pessoa, assim como a ideia de centro, é insuficiente para descrever uma relação intersubjetiva por acarretar em uma dicotomia interior-exterior. Ao nosso entender, a proposta de Cury (1993) rompe com essa dicotomia a partir de uma proposta de Psicoterapia Centrada na Pessoa.

> É nosso posicionamento que a Terapia Centrada no Cliente somente poderá ser considerada uma Psicoterapia Centrada na Pessoa quando sua teorização privilegiar o enfoque fenomenológico como método de acesso à interação entre o terapeuta, seu cliente e os aspectos culturais determinantes do seu *setting*.

Segundo Moreira (2010b, p. 538), a Abordagem Centrada no Cliente "[...] tinha como foco o desenvolvimento de um sistema de mudanças na personalidade, concentrando-se no mundo subjetivo do indivíduo"; e na Abordagem Centrada na Pessoa, de uma forma geral, as interações sociais ganham ênfase. Já Amatuzzi (2010, p. 56) cita a concepção de Psicoterapia Centrada na Pessoa de Cury (1993) ao afirmar que as aplicações da ACP em diferentes espaços "[...] resultaram uma nova teorização da abordagem e uma nova compreensão de psicoterapia".

Nosso estudo, portanto, situa-se em uma perspectiva existencial-fenomenológica ou humanista-fenomenológica (MOREIRA, 2010b) com a adoção da compreensão de psicoterapia tal como formulada por Cury (1993). Segundo Moreira (2010b), essa vertente pós-rogeriana da ACP, que agrega autores brasileiros que são referência na área e de grande importância para nosso estudo, parte da fase experiencial da psicoterapia rogeriana, ampliando seu caráter fenomenológico.

É nesse sentido que nos parece que a ideia de Psicoterapia Centrada na Pessoa, cunhada por Cury (1993) e utilizada por Amatuzzi (2010), se desenvolve. Esse conceito parte da psicoterapia proposta na fase experiencial, em direção a uma teorização consonante com o desenvolvimento da prática em relações humanas da ACP, abarcando um período que vai de 1965 aos dias atuais. Com isso, a autora citada busca dar um maior suporte teórico para a prática psicoterapêutica exercida a partir das experiências vivenciadas em grupos intensivos.

Contudo, não se pode falar de um formato uniforme de teoria e prática psicoterapêutica da Abordagem Centrada na Pessoa. Moreira (2009a, 2010b) aponta a diversidade de propostas atualmente desenvolvidas a partir das formulações rogerianas. Tal heterogeneidade dá vazão a diferentes formas de se pensar-fazer a ACP. No entanto, nos parece que a proposta de Cury (1993) é consoante com nossa necessidade de estabelecer preceitos básicos que caracterizem a relação terapêutica da psicoterapia embasada pela Abordagem Centrada na Pessoa em prol de nossa pesquisa. Conheçamos melhor essa proposta e a relação terapêutica que a permeia, utilizando-nos, também, de outros autores para melhor fundamentar nosso estudo.

3.3 A relação terapêutica da psicoterapia centrada na pessoa

O conceito de Psicoterapia Centrada na Pessoa não se configura como uma nova prática psicoterápica, mas a mudanças referentes, especialmente, à conceitualização de processo terapêutico e de relação terapêutica, pois,

> O terapeuta que incorporou o conceito de experienciação e participa das aplicações correntes da Abordagem Centrada na Pessoa aos Grupos de Encontro e Workshops Intensivos adquiriu uma perspectiva nova em relação à terapia individual: passou a considerá-la como um grupo diádico [...] redimensionou os elementos envolvidos no processo, passando a conferir igualdade de posição às duas pessoas que se encontram face-a--face (CURY, 1993, p. 233).

Cury (1993, p. 233) aponta que Rogers insiste que, apesar de certa estruturação, o vínculo que estabelece com a outra pessoa

> [...] é de natureza tal que pode neutralizar esta diferença no transcorrer dos encontros [...] acredita [ele ainda] que o potencial curativo deste encontro reside na possibilidade de estabelecer-se como uma relação genuinamente humana e real.

O caráter de igualdade proposto para esse tipo de relação interpessoal é, além de uma postura política do terapeuta, decorrência da noção de tendência formativa (CURY, 1993). Acompanhamos, ao longo das fases do pensamento rogeriano, um afastamento cada vez maior da figura de autoridade do terapeuta a partir, inicialmente, de uma postura não diretiva em direção à incorporação da empatia, autenticidade e consideração positiva como atitudes, não como técnicas. Tais atitudes, a nosso ver, geraram maior liberdade de expressão do terapeuta, sem tanto receio de uma postura tendenciosa e coercitiva da sua parte.

Cury (1993) reconhece um amadurecimento gradativo do psicoterapeuta, na Abordagem, em recusar de forma consciente o poder e o controle das relações interpessoais, alterando o conceito de ajuda, o qual requer do terapeuta uma maior confiança em suas próprias percepções intuitivas. Para essa autora, a proposta rogeriana apresenta uma "inversão no centro de controle da relação terapêutica" (p.191), na qual o cliente deveria dirigir o conteúdo das sessões e o terapeuta restituir isso ao cliente. Assim, dá-se o resgate do poder pessoal do cliente ao considerá-lo como ativo na relação (MESSIAS, 2002).

A renúncia a essa autoridade de especialista, para Cury (1993), se deu como possível diante dessa tendência, ou seja, da compreensão e confiança de que o cliente é a fonte e o critério do seu próprio crescimento e saúde. Essa tendência encontra-se também no terapeuta, que deve utilizá-la em prol do cliente. A tendência formativa é uma ampliação da tendência atualizante, tendência ao crescimento e expansão, ao universo como um todo, "cuja direção aponta no sentido de uma ordem crescente, visando uma complexidade inter-relacionada, visível tanto no nível inorgânico como no orgânico" (CURY, 1993, p. 181). Para Moreira (2009b, p. 65), "acreditar no poder de mudança do processo terapêutico de base humanista-fenomenológica significa crer na tendência atualizante do cliente".

As tendências atualizante e formativa aparecem na obra rogeriana na forma de hipóteses e são, por alguns autores, demasiadamente criticadas por serem consideradas otimistas, ingênuas e idealistas, não dando a devida atenção aos fenômenos contrários aos de expansão, ou seja, os de degeneração (FREIRE, 2001; MOREIRA, 2007). A nosso ver, essa tendência à expansão tem um caráter central na Abordagem, precisando de uma maior fundamentação teórica e prática em futuros estudos. Ao que nos cabe nesse trabalho, tomá-la-emos como relevante na psicoterapia tanto quanto a agressividade e destrutividade, também partes da natureza humana. Assim, ambas devem ser consideradas no processo psicoterápico.

O objetivo terapêutico é compreendido, na proposta de Cury (1993), muito mais como confirmar o cliente como digno de confiança em seu estado atual do que meramente levar esse a novos modos de percepções ou emocionais. No que se refere ao processo terapêutico, ele é tido como uma relação intersubjetiva, em que o fluxo experiencial surge da relação terapeuta-cliente:

> [...] do ponto de vista de uma Psicoterapia Centrada na Pessoa, o processo terapêutico pode ser concebido como

uma relação intersubjetiva, abrindo espaço para pesquisas que priorizem a descrição e análise do fluxo experiencial surgido na interação entre terapeuta e cliente (CURY, 1993, p. 219).

Como vimos anteriormente, a dimensão intersubjetiva é primordial nessa perspectiva de psicoterapia em que "a ênfase maior recai sobre uma análise da relação intersubjetiva que se desenvolve entre terapeuta e cliente, a serviço do cliente" (CURY, 1993, p. 245). O foco, então, deixa de ser nos aspectos subjetivos de um ou de outro, terapeuta e cliente, não considerando mais as duas experiências como distintas, mas inter-relacionadas de forma complexa e intersubjetiva.

Para Cury (1993, p. 231-232), a relação psicoterapêutica é compreendida como "[...] um tipo de relação interpessoal complexa, com objetivos definidos, implicitamente estruturada, e que não pode ser apreendida através de uma análise isolada de quaisquer de seus elementos". Com o deslocamento do eixo principal de uma tentativa de centralização no cliente para um foco ainda maior na relação intersubjetiva terapeuta-cliente, fica evidente uma maior preocupação com o processo do terapeuta nessa relação.

A esse profissional caberiam uma menor obstrução do seu fluxo imediato, a vivência das atitudes facilitadoras e um envolvimento afetivo ao mesmo tempo em que uma consciência crítica sobre o seu papel. Sua formação, nesse sentido, deveria ser muito mais voltada para o desenvolvimento da sua capacidade experiencial do que para o treino de resposta empática.

Sobre o fluxo experiencial do terapeuta, Cury (1993) aponta cinco fases a partir de sua experiência clínica. A primeira é a de *Encontro com o inusitado*, na qual se dão os primeiros encontros com um cliente desconhecido, tendo como suporte seu método terapêutico, suas vivências anteriores e sua capacidade experiencial. Na segunda, *Impacto Emocional* ou o *Despertar da Empatia*, o terapeuta passa a experienciar um interesse autêntico pela pessoa do cliente, aproximando-se do mundo emocional através da compreensão empática por vias de suas capacidades intuitivas e cognitivas, bem como de sua disponibilidade emocional para a vivência no aqui e agora da relação intersubjetiva.

A terceira fase é a de *Trabalho Terapêutico*, na qual se aprofunda o relacionamento que passa a se dar de forma mais descontraída e espontânea, podendo surgir o uso de metáforas e imagens mentais a partir de uma empatia mais aprimorada. Na quarta, *Encontro a dois*, a função terapêutica passa a ser, de certa forma, assumida também pelo cliente, que passa a fazer uso do que aprendeu na relação, gerando maior autonomia na experimentação de sentimentos pelo cliente. Na última, *desfaz-se o vínculo* com o aumento da capacidade experiencial do cliente, percebe-se maior necessidade de autonomia deste e dá-se o fim do processo.

No que se refere às atitudes facilitadoras, a aceitação incondicional é tida como apreciar o cliente como pessoa mesmo não gostando de algumas formas desse agir ou pensar, incluindo expressões de raiva ou surpresa em prol do processo experiencial do cliente (CURY, 1993). A autenticidade aparece como a valorização e ampliação do estilo pessoal do terapeuta ao estar em uma relação genuína e real, mais próxima das relações travadas no cotidiano apesar da função específica. O estilo próprio de cada profissional deve auxiliar a transformação da sua criatividade pessoal em um recurso terapêutico, segundo a autora.

A Empatia seria um meio para o terapeuta conhecer a outra pessoa e a si mesmo, voltando-se, também, para suas experiências na relação, consistindo "num estado de consciência no qual uma pessoa experiencia e participa do fluxo de consciência de outra, enquanto também permanece consciente do contexto mais amplo no qual está fazendo isso" (CURY, 1993, p. 239). Para essa autora, o terapeuta deve diferenciar empatia de reflexo de sentimentos e utilizar da sua criatividade nesse ponto, compreendendo essa atitude como não apenas entrar no mundo do cliente, mas estar envolvido a partir da sua própria experienciação.

Parece-nos que nessa direção "a empatia possibilita que o psicoterapeuta não somente 'penetre' no mundo do cliente, como se mova na companhia do cliente, buscando a compreensão de sua experiência vivida" (MOREIRA, 2009b, p. 62). Acerca da sua experiência de fluidez empática, Moreira (2009b, p. 63) relata:

> Nessas situações psicoterapêuticas me sinto solta, como se seu mundo vivido [do cliente] passasse a ser familiar pra mim; posso rir junto [...], ser irônica ou mesmo mais agressiva em minhas intervenções.

Para Cury (1993, p. 245-246), as atitudes facilitadoras aparecem compreendidas, portanto, de uma nova forma "como expressão da presença ativa de ambos os participantes [...] elas são parte das condições gerais que incidem sobre a relação e não um mero instrumental técnico fornecido pelo terapeuta ao cliente". Nesse sentido, essa autora aponta, na busca por condições que favoreçam um clima de disponibilidade experiencial dos envolvidos, outras influências como o ambiente físico (organização da sala, iluminação etc) e a presença de princípios e valores explícitos e implícitos nessa psicoterapia.

A concepção de um *jeito de ser* tal como apresentado por Wood *et al.* (2008), já explicitado nesse trabalho, nos traz princípios gerais estabelecidos na Abordagem. Indagando-se sobre quais princípios e valores balizam a ACP, Graziottin (2009) realizou uma pesquisa sobre a ética dessa Abordagem a partir de dilemas éticos junto a psicoterapeutas norte-americanos e europeus. Ela identificou qualidades éticas tanto na prática dos entrevistados, a partir das situações trazidas, quanto na teoria da Abordagem.

Como representação, foram construídas, pela pesquisadora, duas pirâmides contendo, considerando a partir da base: valores primários, secundários e terciários. Em uma pirâmide estão os valores pessoais dos entrevistados, percebidos nas situações de dilemas éticos descritas; na outra estão os valores percebidos pelos entrevistados como da própria Abordagem. Como podemos observar na figura abaixo, em uma comparação entre as duas pirâmides, existem valores elencados diferencialmente, localizados mais para as laterais, e valores correspondentes em uma mesma ordem de relevância, na intersecção das pirâmides.

Figura 1-Pirâmides de valores pessoais dos terapeutas e de valores da ACP

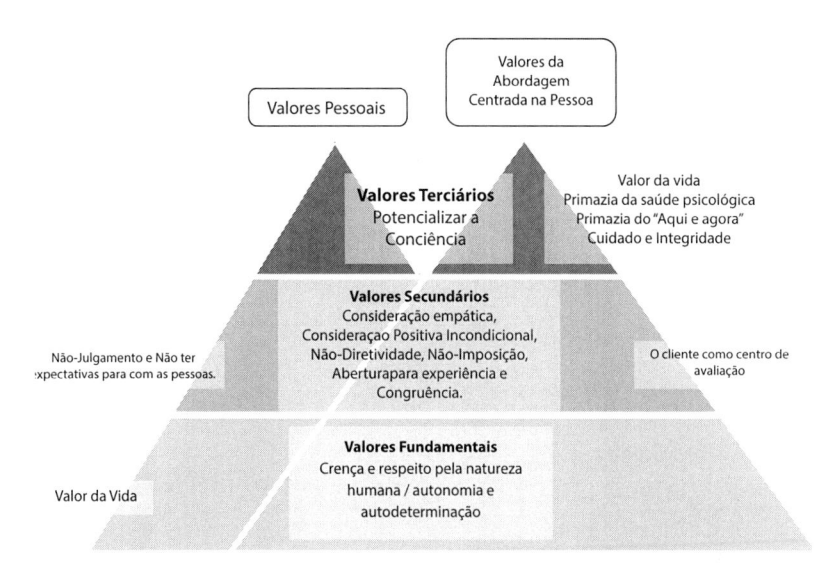

Valores Pessoais	Valores da Abordagem Centrada na Pessoa
	Valores Terciários: Potencializar a Conciência
	Valor da vida, Primazia da saúde psicológica, Primazia do "Aqui e agora", Cuidado e Integridade
	Valores Secundários: Consideração empática, Consideração Positiva Incondicional, Não-Diretividade, Não-Imposição, Abertura para experiência e Congruência.
Não-Julgamento e Não ter expectativas para com as pessoas.	O cliente como centro de avaliação
	Valores Fundamentais: Crença e respeito pela natureza humana / autonomia e autodeterminação
Valor da Vida	

Fonte: Pesquisa realizada por Graziottin (2009). A tradução foi realizada por Araújo (2011) e cedida por esse autor para nosso estudo.

Surgiram como valores presentes na teoria e na prática da ACP: confiança e respeito pela natureza humana, autonomia e autodeterminação, além de valor pela vida, como valores fundamentais. Compreensão empática, consideração positiva incondicional, não-diretividade, não-imposição, abertura para a experiência, congruência, ausência de julgamentos e expectativas, o cliente como centro de avaliação, como valores secundários. Nos valores terciários, encontramos: potencializar a consciência, valor pela vida, a primazia da saúde psicológica e do aqui e agora, cuidado e integridade.

Amatuzzi (2010) envereda por essa dimensão relevante para se pensar a relação psicoterapêutica, a ética da ACP. Ora, toda teoria, como vimos no primeiro capítulo, traz em si uma ética, no sentido de uma série de valores que perpassam as formas de pensar e os comportamentos adotados. Ao que nos parece, esse autor percebe uma série de valores humanos que definem a estrutura dessa Abordagem e os considera condizentes com uma postura de compreensão e abertura, possibilitadora de relações saudáveis e, nesse sentido, a Abordagem como uma ética. O que esse autor afirma é que a ACP se dá no campo dos valores, com preferências quanto ao modo de ser, e não se dá no campo da técnica, com comportamentos específicos a serem seguidos. E isso traz nos traz duas implicações.

A primeira diz respeito à amplitude de possibilidades que o terapeuta tem para exercer seu papel diante do enfoque bem mais amplo do que em questões meramente técnicas de como proceder, do que fazer e de como fazer. Isso abre espaço para a criatividade do terapeuta a partir do seu estilo pessoal, como vimos acima.

A segunda encontra-se diretamente vinculada à primeira, pois diante de tamanha liberdade no que se refere a formas de atuar ao tomar como guia a incorporação das atitudes e a crença na tendência atualizante, nos parece necessário um maior aprofundamento das discussões a respeito das dimensões éticas[28] presentes na prática da Psicoterapia Centrada na Pessoa. Isso nos parece ainda mais sobressaliente diante da solidão na qual se encontra o terapeuta,

> [...] uma vez que, por mais acompanhado que o psicoterapeuta esteja de todas as teorias e técnicas, aprendidas na realização de uma supervisão ou no contato com as suas experiências individuais, no momento em que estiver com o paciente estará sozinho, e caberá unicamente a ele decidir o que deverá propor, em que momento deverá intervir, como, quando e o quê deverá dizer ao paciente (MOREIRA, 2009a, p. 63).

Então, ao terapeuta cabe tomar decisões e atitudes imediatas diante de situações que emergem da relação terapêutica no cotidiano de seu trabalho e na singularidade de cada relação estabelecida sob a pena de falhar em sua função. Discutindo sobre fracasso terapêutico, Barbosa (2002) aponta alguns aspectos relevantes no que diz respeito à responsabilidade do terapeuta, como o cuidado e atenção aos rumos do processo terapêutico, a suas próprias limitações e às da sua Abordagem, além dos cuidados consigo, incluindo formação teórica, supervisão e psicoterapia pessoal. Alguns motivos elencados para as situações de fracasso foram, a saber: a falta de experiência do terapeuta, contratos iniciais malfeitos, o terapeuta não exercer seu direito de escolha diante da não disponibilidade no atendimento de um cliente, comportamentos antiéticos e danosos ao cliente.

---

[28] Dimensão ética é compreendida aqui tal como definida no capítulo anterior, a saber, relacionada ao sentido, juízo e consequências dos comportamentos de uns que afetam a outros (FREIRE, 2003). Ela é pensada a partir de três dimensões: subjacente a um sistema teórico - que é a que está sendo pensada nesse momento -, a instituída pelo código de conduta profissional do psicólogo e a levinasiana, foco do nosso trabalho.

O terapeuta, assim, além de uma postura consonante com os princípios subjacentes à teoria que aderiu em sua prática, precisa, a nosso ver, questionar criticamente esses princípios e valores, bem como as consequências desses e dos comportamentos adotados na relação terapêutica em sua atuação profissional a partir das dimensões éticas que a perpassam.

3.4 A emergência da alteridade na relação terapêutica da psicoterapia centrada na pessoa

Segundo Figueiredo (2008), o que define a clínica psicológica é a sua ética, seu compromisso com a escuta do interditado, do excluído e com a sustentação das tensões e conflitos. Afastando-se da noção de clínica como um serviço ofertado a ser consumido, ele a compreende como um dispositivo terapêutico que é histórico, que se encontra situado em um contexto mais amplo, histórico e cultural.

No que se refere a estudos sobre contexto histórico e cultural da ACP, e das limitações daí provenientes, estes têm sido realizados por autores como Moreira (2007) e Freire (1987, 1989), por exemplo. Moreira (2007) considera a noção rogeriana de pessoa como o foco de uma dicotomia interior-exterior. A ênfase no interior da pessoa reforçaria uma abstração e desvinculação do processo histórico e cultural. Entendida assim, "a noção de pessoa rogeriana é fruto de uma visão dicotômica do mundo. Exalta-se a subjetividade, enquanto que se dá pouca importância, peso e eficácia à realidade objetiva" (MOREIRA, 2007, p.190).

O foco na percepção de eu caracterizaria uma construção abstrata de pessoa, deixando a desejar quanto à importância da determinação histórico-cultural do homem.

Esta autora aponta o uso de termos internos e externos como indícios dessa dicotomia do pensamento ocidental, no qual Rogers está inserido. O modelo de psicoterapia proposto por Moreira (2007, p. 229), a partir da contribuição do conceito de *carne* do filósofo Merleau-Ponty, é de uma psicoterapia descentrada, não dualista. Uma psicoterapia "[...] comprometida com a realidade sócio-cultural e com o mundo".

Freire (1987, 1989) também se refere à necessidade de um comprometimento e de um posicionamento diante do mundo que levem em consideração o homem concreto, histórico e cultural. Para este autor, tal postura deverá ir à busca do homem concreto e da transformação de suas condições sócio-históricas em detrimento de sua alienação. Para tanto, ele opta por uma análise crítica da ética da Abordagem Centrada na Pessoa, a partir de um enfoque crítico-social, por via do materialismo histórico e dialético. E conclui que a ACP, com sua visão abstrata de pessoa, assume uma "[...] moral burguesa, de cunho individualista radical e libertarista [...]" (FREIRE, 1989, p. 145). Contudo, propõe uma Abordagem Dialética da Pessoa, na qual o conceito de pessoa e as condições facilitadoras sofreriam influência do materialismo histórico e dialético. Desta forma,

> A pessoa enquanto indivíduo concreto, criador e transformador, seria o fundamento desta nova abordagem; ser passível de confiança na medida em que almeje a transformação da sociedade para algo mais justo, mais humano, igualitário (FREIRE, 1989, p. 145).

Advíncula (2001) nos traz reflexões acerca das experiências desalojadoras do eu como propiciadoras do desenvolvimento de uma escuta clínica. Essas experiências:

> [...]'*quebras*' na ordem costumeira e o contato com o estranho, com o múltiplo e com o complexo, [que]

desestabilizam o rotineiro, *'desalojam o eu'*. Criam, com isto, possibilidades da escuta do novo e do redimensionamento das percepções, desconstruindo *lógicas identitárias* (p. 33).

Para essa autora, a teoria desenvolvida por Rogers busca, a partir de conceitos centrais como autonomia e liberdade, restaurar "a ilusão da unidade do sujeito e da idéia de que o homem é o *centro* do mundo" (ADVÍNCULA, 2001, p. 35). A dualidade da teoria rogeriana, presente na sua noção de sujeito, tem sua raiz no nascimento da própria psicologia, segundo essa autora. Ela propõe ainda que as intervenções clínicas devam ser mais interacionistas do que intervencionistas, configurando uma escuta clínica de "abertura à irrupção do inusitado" (ADVÍNCULA, 2001, p. 57).

A Abordagem, no entanto, influenciada pelo pensamento dualista ocidental, encontra-se originalmente muito mais voltada para lidar com o idêntico do que com estranhamento (FREIRE, 2003), com a experiência desalojadora do eu. Para Freire (2000), essa Abordagem, tal como concebida por Rogers, não dá espaço para se pensar a estranheza e a diferença por estar muito arraigada ao *ser-si-mesmo*, à familiaridade da identidade. Segundo Vieira (2009, 2010), o processo psicoterápico traz momentos de desconhecimentos e rupturas que precisam ser reconhecidos e compreendidos pela via da sensibilidade, fazendo-se necessário repensar a prática psicoterapêutica embasada na ACP e seus conceitos arejando-os a partir da exterioridade e estranhamento, alteridade que emerge na relação terapêutica.

A Psicoterapia Centrada na Pessoa, tal como proposta acima, parece-nos trazer uma preocupação com os aspectos históricos e culturais tanto no que diz respeito à Abordagem como à contextualização da cultura na qual cliente e terapeuta encontram-se. O estranhamento, nessa perspectiva, aparece em alguns momentos, como, por exemplo, na fase inicial do processo do terapeuta na relação, apresentado posteriormente, em que o cliente é visto no início dos contatos como desconhecido, configurando em um primeiro momento um *Encontro com o inusitado* (CURY, 1993). Ainda assim, a dimensão de alteridade como estranhamento parece ser calada ao longo das sessões, em uma maior familiaridade entre os envolvidos, culminando em uma relação de intimidade e reciprocidade.

A nosso ver, a discussão acerca da dimensão ética como abertura à alteridade nessa prática se mostrou incipiente. É nessa direção que queremos apontar, defendendo que a relação terapêutica precisa ser compreendida como um espaço arraigado de valores e princípios da Abordagem e do próprio terapeuta, em que o posicionamento desse profissional encontra-se balizado por uma postura ética diante do reconhecimento das limitações da teoria que embasa sua prática, da sua responsabilidade na relação terapêutica como um lugar de emergência da alteridade.

3.5 A alteridade radical na psicoterapia centrada na pessoa

Ao realizar uma análise ética da Abordagem Centrada, em termos do reconhecimento do lugar do Outro, a partir da ética da alteridade radical do filósofo Emmanuel Lévinas, Freire (2000, 2002) conclui que a Abordagem Centrada é surda à alteridade radical levinasiana. Existiria, no máximo, uma abertura na relação autêntica para a existência do outro como Tu buberiano, que permite uma relação de igualdade e reciprocidade, longe da diacronia defendida nas teses levinasianas.

Para esse autor, enquanto para Lévinas o Outro vem sempre antes do eu, constituindo-o, em Rogers ocorre o inverso: o eu *(self)* viria primeiro, abrindo lugar ao outro. Tal primazia do si mesmo na teoria rogeriana se afirmaria, inclusive, como objetivo do processo terapêutico ao se intentar que, ao final deste, o cliente se torne o que é. Tal elaboração pode ser compreendida dentro de uma perspectiva totalizadora da subjetividade, na qual haveria um ideal de *funcionamento* a ser alcançado ao fim do processo terapêutico (VIEIRA; FREIRE, 2006).

Neste sentido, *tornar-se pessoa* poderia vir a ser compreendido como tornar-se um ideal de pessoa, à imagem e semelhança do terapeuta. Freire (2000, p. 133) afirma: "Rogers [...] parece tratar de uma individualidade calcada na identidade – 'ser o que realmente se é' –, na plenitude da presença e do ser, na subjetividade extrema". Vieira (2010) também denuncia a sobrevalorização do autor norte-americano à dimensão de integração em detrimento daquela do estranhamento na constituição do psiquismo ao buscar reduzir tal constituição àquilo que pode ser reconhecido pelo *self*, na busca de uma integração harmônica entre o *self* e o organismo.

Vieira e Freire (2006, p. 429) questionam a pertinência de um lugar para o Outro radical, para o estranhamento, na ACP, e propõem uma releitura da tendência atualizante e das atitudes facilitadoras como lugares possíveis para o encontro com o Outro em sua radicalidade, em detrimento de uma "[...] técnica ortopédica de transformação do outro numa réplica daquele que se 'abre' à sua diferença (em nosso caso, o terapeuta)".

Assim, a aceitação positiva incondicional é tencionada como via de abertura à exterioridade a partir de uma escuta da alteridade trazida pelo cliente, mas que também diz respeito ao imprevisível do psicoterapeuta e do cliente consigo mesmos. A autenticidade é compreendida, através da ideia de fala autêntica, como desencadeadora de novas intenções, nas quais o discurso reconfiguraria as intenções do sujeito, descentrando o sujeito que a pronuncia. Já a empatia seria um deixar-se impactar pela diferença, a partir da busca pela compreensão do sentido do que é trazido da psicoterapia e não uma tentativa de apreender a totalidade racional da experiência do cliente (VIEIRA; FREIRE, 2006).

No que diz respeito à tendência atualizante, esta é vista, por esses autores, como constante renovação de padrões, como "[...] um processo que se alimenta da diferença, que sempre impacta o sujeito centrado e lhe traz uma novidade para aquilo que ele pensa ser sua própria imagem (*Self*)" (VIEIRA; FREIRE, 2006, p. 430). Em meio a tais tensões, o processo terapêutico diria respeito a um desconhecimento de si, estranhamento e vulnerabilidade a partir da desconstrução de uma imagem rígida de si.

Outro autor que realiza uma aproximação entre a filosofia levinasiana e a ACP é Schmid (2002, 2003, 2006a, 2006b). Ele se inspira na ética levinasiana para repensar a natureza da psicoterapia (2006a). Para ele, a psicoterapia deve ser considerada como um fenômeno ético, pois todo tipo de psicoterapia se origina no outro, no cliente, que chega com uma demanda, com um chamado (SCHMID, 2006a). Essa pessoa é um estranho que surpreende e a quem é preciso conhecer com respeito em uma atitude de não conhecer (SCHMID, 2002, 2006a), ou seja, diferenciando-se de um conhecimento totalizante e dominador, reconhecendo a impossibilidade da redução do estranho ao familiar mesmo no decorrer das sessões. Nesse sentido, para Amatuzzi (2010, p. 65), "Na verdadeira compreensão [...] é preciso estar aberto ao novo, ao diferente, ao que não se encaixa em nossos esquemas".

O desafio para o terapeuta é ser capaz de oferecer um compromisso de profundidade relacional para cada cliente em sua singularidade. Profundidade relacional não é apenas olhar na mesma direção que o cliente, mas estar em um face a face com ele, confrontá-lo. Confrontar é considerado por Mearns e Schmid (2006) como algo que faz parte também da Terapia Centrada na Pessoa. Para eles, essa terapia não é apenas compreensiva, e o terapeuta não precisa ficar assentindo com a cabeça, concordando sempre. O terapeuta também deve assumir-se como uma pessoa diferente do cliente, discordando e não compreendendo em alguns momentos, entrando em desacordo ou negando.

O encontro que ocorre nessa relação, assim, é tido como um *estar contra*, de frente um para o outro, em que o cliente é outra pessoa, diferente do terapeuta, outra realidade, sendo essa a dimensão existencial e inevitável do encontro (SCHMID, 2002). Dessa forma, o outro é compreendido, para esses autores, a partir de um *não-saber* (SCHMID, 2003, 2006a), como uma pessoa absolutamente diferente, um constante *enigma* com o qual eu me deparo em um encontro face a face.

O terapeuta, então, deve estar preparado para ser surpreendido e aprender algo novo com cada cliente e em cada sessão, resguardando a dimensão de estranhamento desse outro que chega e intima o terapeuta a ir para além do seu próprio pensamento e experiências anteriores. O oposto disso seria cair na *armadilha do mesmo*, o que ocorre quando o terapeuta busca compreender apreendendo, o que é uma ação possessiva de transformar a diferença em parte de nós mesmos, ou quando privilegia a harmonia e coesão em lugar da diversidade e variedade presentes no discurso do cliente (SCHMID, 2006a).

Vieira (2010) analisa um caso clínico descrito por Rogers, que traz trechos de falas diretas da cliente, a senhora Cam, e do terapeuta, o próprio Rogers. Diante disso, ele conclui que o discurso do cliente carrega consigo um caráter de exterioridade, e essa exterioridade, que chega pela via da experiência organísmica, possibilita a produção de novos sentidos a respeito das questões trazidas pelo cliente e da forma como esse se percebe. O que se aproxima de uma fala autêntica, tal como trazida por Amatuzzi (1989) e, posteriormente, por Viera e Freire (2006), uma fala primeira que desencadeia novas intenções, produzindo sentidos.

Outro aspecto relevante, para nós, que Schmid (2006b) traz é de, ao invés de uma relação *Eu-Tu*, como usualmente é concebida, a psicoterapia ser tomada como uma relação *Tu-Eu*, na qual o outro vem primeiro. Essa relação conta, ainda, com a dimensão de um *nós* que não são dois, mas três, por sempre corresponder à presença do *terceiro*.

A psicoterapia é tida, desta forma, como um encontro assimétrico, constituída pela responsabilidade, solidariedade e disponibilidade pelo e para o outro, e na qual é exigida uma resposta do terapeuta. Schmid (2006a) afirma que trabalhar como um terapeuta centrado na pessoa não é somente uma maneira de ser, mas uma maneira de *estar com* o outro. O terapeuta oferece uma forma de estar com o cliente, em um processo de comunicação e encontro que avance em direção à cooperação e se estabeleça como diálogo. Diálogo, para esse autor, não é consequência da relação, mas algo anterior, um principio irreversível na condição de ser humano. Os seres humanos não só se valem do diálogo, eles são o diálogo. E a psicoterapia não cria diálogo, mas é o próprio diálogo. Diálogo, assim, não é o objetivo ou o estágio final da terapia, mas o fundamento. Schmid (2006b) coloca, assim, a relação como o centro da psicoterapia.

Nessa relação que é diálogo, o terapeuta precisa estar presente, estando atento de forma contínua, em uma atenção que não se dá racionalmente, oferecendo um clima de segurança e respeito que possibilite ao cliente enfrentar seu desenvolvimento e o contato à pluralidade do seu *self* (MEARNS; SCHMID, 2006a). A autenticidade do terapeuta dar-se-ia, nessa direção, vinculada a essa atitude relacional de estar imediatamente presente para o cliente em uma forma de ser e escutar a serviço do cliente (MEARNS; SCHMID, 2006a).

Estar a serviço do cliente não significa, aqui, eliminar problemas de forma rápida, econômica, indolor e eficaz, como bem nos atenta Schmid (2003, 2006b). Ao se ter na Psicoterapia Centrada na Pessoa um jeito de *estar com* e *estar contra* o cliente, tem-se a psicoterapia como um espaço de acolhimento à singularidade de cada cliente e à situação que emerja na relação.

Embasados por esses estudos, podemos vislumbrar a compreensão do outro como absolutamente diferente (*não-eu*) e o acolhimento dessa alteridade radical como estranhamento na psicoterapia da Abordagem Centrada na Pessoa. É nesse sentido que desenvolvemos esse estudo, na busca pelo fomento dessa discussão acerca da ética na psicoterapia dessa Abordagem, mais especificamente a partir da emergência da alteridade, estranhamento, nessa atuação, pautando-nos na ética radical levinasiana, apresentada no capítulo anterior. Esse entendimento de ética questiona a prática da ACP a partir da sua lida com o estranho, embora não diga respeito a uma análise restrita à moral ou ao cumprimento de regras codificadas, mas à abertura para a diferença, tendo em vista as concepções acerca da alteridade radical formuladas por Lévinas.

CAPÍTULO 3

AS POSSIBILIDADES DE ABERTURA À ALTERIDADE RADICAL NOS DISCURSOS DE PSICOTERAPEUTA CENTRADOS NA PESSOA

4.1 A abertura à alteridade radical na relação terapêutica

A produção de um novo discurso acerca da abertura à alteridade radical na relação terapêutica foi possível devido aos elementos desconstrutores específicos (FREIRE e RAMALHO, 2011) que pudemos elencar dos discursos dos entrevistados. Para compreendermos melhor como os discursos transcritos das entrevistas nos levaram a um novo discurso iremos conhecer um pouco do percurso realizado.

Entrevistamos individualmente cinco psicoterapeutas. Inicialmente pedimos que cada entrevistado descrevesse uma experiência com o inusitado, com algo que tenha lhe causado estranheza por ser inesperado, vivenciada em uma relação psicoterapêutica. Em seguida indagamos como cada um via esse tipo de experiência para a relação terapêutica na sua própria prática clínica.

Com a leitura das transcrições dos discursos construímos quadros que auxiliassem a percepção das informações e elementos relevantes de cada discurso. Organizamos os quadros a partir de quatro itens:

1. *Experiências com o inusitado na relação terapêutica*, em que fizemos um breve relato das experiências com o inusitado descritas pelos psicoterapeutas.

2. *Concepção de inusitado,* com as ideias de inusitado trazidas nos discursos;

3. L*ugar dessas experiências para a relação terapêutica,* referente às consequências e ao espaço dessas experiências para os psicoterapeutas;

4. *Outros aspectos suscitados,* com temáticas e considerações relevantes que surgiram nos discursos.

5. *Emergência da alteridade,* com uma leitura dos pesquisados acerca das noções e percepções de alteridade trazidas em cada discurso.

O intuito da construção dos quadros foi o de sistematizar de forma não rígida os discursos dos entrevistados, ampliando o contato com os elementos relevantes para a pesquisa sobre a concepção de inusitado na relação terapêutica e as reações e percepções por parte dos psicoterapeutas entrevistados acerca da emergência da alteridade. Foi uma estratégia essencial, a nosso entender, que se configurou como um primeiro momento da análise, de organização dos dados coletados. Esse passo foi a base a partir da qual pudemos elencar alguns elementos desconstrutores em um segundo momento, como veremos em breve. Por enquanto, fiquemos com a apresentação dos quadros com os discursos dos entrevistados:

QUADRO COM O DISCURSO DO PSICOTERAPEUTA 1

EXPERIÊNCIAS COM O INUSITADO NA RELAÇÃO TERAPÊUTICA	CONCEPÇÃO DE INUSITADO
a) A cliente convida o terapeuta para irem para cama: A cliente cantou o terapeuta convidando para irem para a cama. O terapeuta nunca tinha passado por isso de forma tão direta. Ela era muito tentadora, mas ele sabia que não era pra ele, era o que ele representava. O terapeuta buscou clarificar o que ele percebia que estava acontecendo para a cliente. Ele compreendeu que ela estava querendo uma maior intimidade, mais psicológica do que física, além de ser um comportamento sempre presente em sua vida como uma forma de subjugar os homens. Foi extenuante para o terapeuta, mas colocou a situação em termos mais reais, dela se ver como pessoa e de ver o terapeuta como pessoa; **b) Situações em que o cliente fala em suicídio:** De uma forma geral, o cliente dizer que vai se suicidar não assusta o terapeuta porque ele entende que o cliente quer matar é a vida que está tendo; **c) A cliente fala pela primeira vez com alguém que está vivendo um relacionamento homossexual:** A cliente contou para alguém pela primeira vez que estava se relacionando sexualmente com uma amiga com quem estava dividindo um apartamento. Não era esperado pelo terapeuta e era algo novo para a cliente que se relacionava pela primeira vez com alguém do mesmo sexo. O terapeuta percebeu como deve ter sido difícil para ela falar sobre isso, mas como não viu nenhum tensor por parte do terapeuta, conseguiu explorar melhor as significações disso para ela; **d) O cliente levar convidado para a sessão:** A cliente levou a avó e queria que ela participasse da sessão. O terapeuta foi surpreendido com isso. Ele se perguntou como seria isso para ele e seguiu o princípio da liberdade e o respeito pela autoridade do cliente, consentindo. O profissional buscou compreender o significado da cliente ter levado a avó. A ida não combinada de convidados aconteceu em outras situações com clientes que levaram o namorado ou a irmã; **e) O terapeuta não considerou devidamente o valor da experiência para a cliente:** A cliente contou uma situação da sua infância e o terapeuta não considerou devidamente o valor dessa experiência e o sentimento da cliente. Ela reagiu a essa intervenção indicando para ele que ele havia feito uma intervenção não coerente.	**a)** Só sabe que vai atender, mas não sabe o que vai acontecer, o que os clientes irão trazer. Cada atendimento é uma surpresa; **b)** Coisas que mexem com valores bem altos; **c)** Momentos em que o cliente se certifica que pode se entregar de uma maneira mais plena, do jeito que tiver dando conta de si, não tendo exigência *a priori* do terapeuta; **d)** Coisas que acontecem pela primeira vez e o terapeuta se pergunta como agir, mas depois acontecem outras vezes; **e)** O terapeuta ser surpreendido pela ação do outro.

Continuação...

LUGAR DESSAS EXPERIÊNCIAS PARA A RELAÇÃO TERAPÊUTICA	OUTROS ASPECTOS SUCITADOS	EMERGÊNCIA DA ALTERIDADE
a) Qualquer fala é um fenômeno, seja através de um sonho ou a explicitação de um desejo; b) É natural, é uma fala e o terapeuta não deve ficar preocupado com isso, pode ser qualquer fala. Ele deve compreender e acolher; c) O terapeuta sente a dor do cliente, fica com pesar diante do seu sofrimento, se sente tocado, não fica indiferente; d) O terapeuta deve estar com o outro e confiar que dali ele irá apontar o caminho para onde quer ir; respeito à liberdade e autoridade do outro; e) O terapeuta está ali disponível, o máximo que pode fazer é pensar se foi uma intervenção apropriada, e o cliente sinaliza quando isso acontece; f) Ao se sentir acolhido e compreendido, o cliente é confirmado existencialmente, reduzindo o nível da sua angústia; g) Quando acolhido pelo terapeuta sem julgamentos, gera uma maior proximidade.	a) **Papel do terapeuta**: Tem que tentar compreender e ajudar a pessoa a compreender o que ela está dizendo; entender que por mais estranho que pareça, o comportamento do cliente tem uma razão de ser; está ali para ajudar a pessoa a explorar o mundo dela; não julgar, nem criticar; ser o mais congruente possível; é preciso fazer sua terapia e trabalhar seu mundo interno; ter cuidado na intervenção, pois pode desviar o cliente do foco; b) **Sofrimento do cliente**: O terapeuta fica, às vezes, com um pesar em ver o cliente em sofrimento profundo e não tem como aliviar ou ajudar no alívio de imediato, é um processo; c) **Relação terapêutica**: Gera uma intimidade psicológica e afetiva entre cliente e terapeuta. Cada um sentado em um canto, sem se tocar (fisicamente), mas tocando e sendo tocado pela outra pessoa; d) **Acolher:** Não dirigir o cliente, ser um acompanhante e não um guia; aceitação da experiência e não do comportamento. Faz com que o cliente se sinta livre para experimentar qualquer sentimento e desejo; e) **Diálogo terapêutico:** Às vezes o terapeuta não tem clareza no fenômeno dado no aqui e agora, por isso o diálogo terapêutico em que irá tentar entender o que o cliente está querendo comunicar para si e para o terapeuta. O cliente caminha em volta de uma mesma coisa por um tempo porque está entrando em contato com vários elementos da experiência até configurar o que seria de fato seu núcleo experiencial; f) **Não intervir direito:** O cliente reage quando o terapeuta não intervém direitinho. O terapeuta deve estar atento a isso; g) **ACP:** método fenomenológico; dá liberdade e mais responsabilidade para o terapeuta.	Cada sessão é uma surpresa, pois o terapeuta não sabe o que o cliente vai trazer, mas é o lugar em que primordialmente busca-se transformar o estranhamento em compreensão, entendimento; A emergência da alteridade, neste sentido, é vista como algo natural trazido pelo cliente, e o terapeuta deve compreender sem julgamentos e acolher; Por mais estranho que pareça ao terapeuta, mexendo com seus valores, o comportamento do cliente tem uma razão, uma justificativa para acontecer; O terapeuta deve fazer um trabalho pessoal para entender com tranquilidade o que o cliente está trazendo em sua fala; A emergência da alteridade apareceu também como um comportamento errado do terapeuta, com o qual ele precisa ter cautela para cumprir sua função direito.

QUADRO COM O DISCURSO DA PSICOTERAPEUTA 2

EXPERIÊNCIAS COM O INUSITADO NA RELAÇÃO TERAPÊUTICA	CONCEPÇÃO DE INUSITADO
Foram descritas como experiências com o inusitado situações que trazem elementos não esperados, que causam surpresa no terapeuta e que fazem surgir diferentes vias de linguagem, tais como nas situações abaixo: **a) Surgimento de voz que traz imagens mentais metafóricas para a terapeuta:** Contou quatro situações em que a fala dos clientes trouxe imagens mentais em forma de metáforas com elementos da vida dos clientes que ainda não haviam sido compartilhados por esses. Ela sente na hora uma coisa falada, uma voz no peito que não é intuitiva, nem pré-reflexiva. Ela tinha muito medo no começo e ainda fica surpresa quando acontece, mas hoje confia mais e já consegue compartilhar com o cliente e utilizar essas imagens no processo do cliente. Percebe, muitas vezes, como o foco, a forma como trabalha; **b) Compartilhamento e nomeação do sentimento de impotência do cliente:** A fala do cliente trazia muito sono, e a terapeuta, não aguentando mais, compartilhou com ele seu sentimento de impotência em escutá-lo. O cliente reagiu eufórico por ela ter chegado ao "quê da coisa", pois ela trouxe a palavra "impotência", que ele considerou a mais próxima para se referir à sua experiência de ser impotente em casa e no trabalho. A terapeuta não esperava por aquela reação. Ficou sem saber o que fazer, assustada e insegura diante do cliente a ponto de parecer, para ela, que o profissional era o cliente; **c) Compartilhamento da sensação de cólica:** Em contato com a cliente na recepção, a terapeuta sentiu cólica muito forte, que surgiu do nada. Durante a sessão, a cliente verbalizou que sentia como um aborto, uma cólica muito forte; **d) Labirintite da terapeuta no facebook:** O cliente teve informação sobre a crise de labirintite da terapeuta e perguntou se ela havia melhorado no início da sessão. Ela se assustou no início, pois não sabia como ele tinha essa informação, mas lembrou que havia comentado no facebook, embora não lembrasse que o tinha adicionado. Usou a pergunta dele como mote da sessão no dia e o atendeu mesmo estando com labirintite; **e) Utilizou outras formas de linguagem com clientes (música, jogo):** Contou duas situações em que aderiu a outras linguagens que não apenas a verbal na relação terapêutica por perceber a necessidade. Em uma, propôs que o adolescente trouxesse música que ele gostasse para escutarem juntos; na outra levou um jogo de computador para brincar com a menina. A partir dessas diferentes linguagens a comunicação pôde se estabelecer e a terapia acontecer.	a) Tem receio de falar sobre isso por não saber de que ordem é; b) O inusitado é o que chega no organismo, é intuitivo e pré-refexivo; c) São coisas que surgem não sei de onde e acontecem; d) Fenômeno natural de duas pessoas ali, trocando energia; e) O inusitado chega como um produto do experiencial, da experienciação, como coisas que o terapeuta sente e vem da relação; f) Surge na hora, não é programado; g) Inusitado como algo anterior que resulta em imagens, frases e sensações que surgem para o terapeuta como vias diferentes de linguagem.

Continuação...

LUGAR DESSAS EXPERIÊNCIAS PARA A RELAÇÃO TERAPÊUTICA	OUTROS ASPECTOS SUCITADOS	EMERGÊNCIA DA ALTERIDADE
a) Apesar de não programada, é vista como técnica favorável a ser utilizada em prol da relação terapêutica; b) É um recurso, um instrumento que requer técnica para manejo, mas que se diferencia da forma positivista de pensar técnica e recurso; c) Traz desdobramentos, efeitos positivos na terapia.	a) **Limites do terapeuta:** Limites físicos (atender com labirintite, com cólica, como um sair de si) e limite de reconhecer que "não está preparado" em algumas situações; b) **Erros do terapeuta na terapia:** Erros que fazem parte dos acertos e erros sérios (gozar com o sofrimento do cliente, dimensionar sofrimento, atropelar o tempo do cliente, criar dependência no cliente da terapia); c) **Papel do terapeuta:** Ser instrumento do universo a favor do outro; sofrer com o cliente; ter como objetivo que o cliente vá embora; tem como material básico de trabalho o sofrimento; aproveitar o que surge no momento em benefício da relação; terapeuta como o que ajuda a reorganizar as coisas; d) **Psicoterapia:** Profissão solitária; é como uma conversa qualquer, mas com uma escuta mais ativa; e) **ACP:** Identidade e multiplicidade; liberdade para lidar com essas diferentes linguagens; não suficiência das atitudes facilitadoras; não desenvolvimento do aspecto espiritual; conceito de experienciação de Gendlin; estados alterados da consciência; eu interior.	A emergência da alteridade na relação terapêutica foi percebida no discurso da psicoterapeuta 2 na noção que traz de inusitado como algo inesperado, que gera surpresa, especialmente para o terapeuta; A alteridade aparece como algo provindo da própria relação que emerge tanto de sensações, sentimentos e imagens trazidos pelo terapeuta quanto pelo comportamento do cliente (pergunta inesperada; reação que causa surpresa) e impactam o terapeuta; Apareceram duas formas diferentes de surpreender o terapeuta, podendo ser uma surpresa inicial, sem grande impacto ou como algo que impacta a terapeuta a ponto de lhe trazer sentimento de insegurança, fazendo-a questionar sobre seu lugar de profissional, seu papel e limites.

QUADRO COM O DISCURSO DA PSICOTERAPEUTA 3

EXPERIÊNCIAS COM O INUSITADO NA RELAÇÃO TERAPÊUTICA	CONCEPÇÃO DE INUSITADO
a) Impossibilidade de ter uma escuta limpa com o cliente: O cliente era um líder político de um país da América Latina e estava sendo procurado. As sessões não tinham hora, nem dia, nem local marcados, precisando variar a cada semana, chegando a acontecer em banco da praça e na igreja. A terapeuta não tinha nenhum contato do cliente, ele que toda semana ligava para combinarem. A terapeuta teve receio pelos seus colegas de trabalho e família, mas topou atendê-lo. Porém, o que para a terapeuta foi inusitado foi o sentimento de que não seria capaz de ter uma escuta limpa com ele, de ser uma boa terapeuta, pois a sua incondicionalidade foi para o espaço diante do fato das ações do cliente terem matado muita gente e ele não possuir nenhuma crítica quanto a isso, afirmando que faria tudo de novo. Ao se deparar com isso, a terapeuta conversou com o cliente finalizando o atendimento e o encaminhando para outro profissional.	**a)** Algo que acontece a primeira vez; uma coisa que nunca tinha feito; que impacta o terapeuta;
	b) São situações tensas; momentos em que existe certo grau de tensão;
	c) Momentos em que o terapeuta fica muito perdido;
	d) Momentos de desespero que nunca se sabe quando vão acontecer, foge do controle do terapeuta;
b) Esquecer o cliente: Quando a terapeuta estava indo embora da clinica, deparou-se com o cliente a aguardando e percebeu que o havia esquecido. Pediu que ele aguardasse um pouco, voltou para a sala e tentou se acalmar. Ela estava desesperada com a possibilidade da relação ser interrompida por um equívoco seu. Preparou a sala e desceu para chamá-lo. O cliente estava bastante chateado e comentou que havia ficado pra pegar o número do Conselho de Psicologia pra denunciá-la. A terapeuta acolheu a raiva dele e o deixou esbravejar à vontade no caminho para a sala. Lá chegando, buscou se expressar em meio ao seu desespero, dizendo que havia sido muito bom que isso tivesse acontecido porque para ela estava difícil atender uma pessoa como ele, que fazia sempre afirmações incorretas sobre ela e não colocava brecha para se discutir. Ela ficou espantada de ter sido tão direta, e o cliente também. Eles conversaram sobre a dificuldade do cliente, que se sentia mal frente às mulheres e precisava espezinhá-las, como estava fazendo há um tempo com a terapeuta. Ficou sendo o encontro mais importante que tiveram, sendo uma referência para o processo dele, constantemente citado em outras sessões pela terapeuta ou pelo próprio cliente. O inusitado para ela foi ter esquecido e a maneira como lidou com a situação, guiada pelo seu desespero.	**e)** É ruim, não é agradável, tem um sofrimento implícito em que o terapeuta se sente perdido, fora do seu lugar, como se o poder de ajudar o outro estivesse balançado;
	f) Não se tem muita certeza de qual é o próximo passo;
	g) Gera desconforto até que as coisas se definam para o bem ou para o mal, ou seja, quer a relação termine ou continue.

Continuação...

LUGAR DESSAS EXPERIÊNCIAS PARA A RELAÇÃO TERAPÊUTICA	OUTROS ASPECTOS SUCITADOS	EMERGÊNCIA DA ALTERIDADE
a) Tem como possíveis consequências: o término da relação terapêutica ou a continuidade com uma mudança qualitativa na relação; **b)** Ficaram mais próximos e mais verdadeiros; **c)** Desconstrução da imagem de poder e de especialista que a terapeuta poderia ter até então; **c)** Quando a relação continua, é sempre benéfico, um marco que não acontece para o terapeuta com todos os clientes; **d)** Maior confiança do cliente de que a terapeuta não iria machucá-lo.	**a) Guiada pelo desespero:** Se deixar guiar pelo desespero deu uma grande lucidez, esclarecendo muitas coisas; **b) Limite do terapeuta:** O inusitado faz com que o terapeuta se depare com os seus limites; **c) Escuta limpa:** Aparece como escutar de forma incondicional o cliente.	A emergência da alteridade no discurso da psicoterapeuta 3 se deu a partir de sentimentos conflituosos e comportamentos inesperados da terapeuta que chegaram como estranhamento para si mesma e para o cliente; Esta emergência traz tensão, ausência de controle e um sofrimento implícito para o terapeuta por colocá-lo inseguro quanto ao seu poder de especialista e de ajuda ao cliente.

QUADRO COM O DISCURSO DA PSICOTERAPEUTA 4

EXPERIÊNCIAS COM O INUSITADO NA RELAÇÃO TERAPÊUTICA	CONCEPÇÃO DE INUSITADO
a) Assassinato por encomenda: A cliente contou para a terapeuta que encomendou a morte do homem que estuprou sua filha e estava preso. A terapeuta ficou sem saber o que fazer. Buscou acolher a experiência de ódio da cliente e o desejo de matar, acreditando na integração dos sentimentos desta, mas ficou com o coração na mão sem saber o que de fato iria acontecer até a sessão seguinte. Na sessão seguinte, soube que a cliente não prosseguiu com o plano do assassinato. A cliente sentiu-se escutada e chegou a empatizar com a mulher do presidiário e ter compaixão dele. A terapeuta "respirou aliviada" e atribuiu o sucesso do atendimento à qualidade da escuta oferecida, com ausência de julgamentos; **b) Sentir pavor da cliente:** Durante atendimento, a terapeuta foi tomada por um sentimento forte de medo da cliente, "um terror de dentro para fora revirando as entranhas". Na hora, foi descrevendo, a partir da fala da cliente, a sensação que estava sentindo no corpo com cautela e sem atribuir se isso era mais dela ou da cliente. Depois da sessão, a terapeuta percebeu que conectou tão profundamente com o medo da cliente que quase que não conseguia perceber que aquele medo que estava sentindo invadir não era dela, mas era o medo sentido pela cliente. Essa linha é muito tênue; **c) Cliente abaixa a roupa:** Atendimento em um posto de saúde em que a cliente baixou a roupa na frente da terapeuta. A terapeuta ficou se perguntando o que fazer e foi buscando compreender junto com a cliente que ela estava verificando se estava menstruada, pois tinha distúrbio psiquiátrico e acreditava estar grávida de Jesus.	**a)** Inusitado como causador de sofrimento: "Eu já sofri situações assim"; **b)** Inusitado traz conteúdos mais viscerais, aquele segredo que a gente não conta pra ninguém; **c)** É o terapeuta ser surpreendido com algo, trazendo sentimentos, sensações, incômodos e precisar ouvir os sentimentos do cliente apesar disso; **d)** O terapeuta está sujeito a ele a todo o momento.

Continuação...

LUGAR DESSAS EXPERIÊNCIAS PARA A RELAÇÃO TERAPÊUTICA	OUTROS ASPECTOS SUCITADOS	EMERGÊNCIA DA ALTERIDADE
a) Toda relação terapêutica é inusitada, pois o consultório não é um ambiente controlado, apesar de alguns terapeutas terem a ilusão de um modelo formatado; b) O inusitado está entranhado na relação terapêutica; c) Se o terapeuta consegue escutar, acessar e estar junto com o cliente naquilo que ela está trazendo, aprofunda a relação e fortalece o vínculo; d) Gera uma intimidade muito profunda que até aquele momento ele não conseguiu com outra pessoa.	a) **Prática clínica:** traz outros espaços de atendimento clínico que não apenas a psicoterapia; b) **Qualidade da escuta:** Capacidade de intervir na fala e na experiência do cliente, fazendo emergir o sentimento que vem junto com a fala. Seria cessar interferências, tirando o "ruído do entorno", juízos de valores e padrões do que deve ou não ser feito (mesmo que o terapeuta tenha opinião definida) para captar os sentimentos do cliente; c) **Cessar interferências:** Não é o terapeuta deixar de ter sentimentos, mas, apesar disso, colocar suas questões em segundo plano e estar com o cliente; d) **Empatizar:** Conectar-se com o que o outro sente, estando com ele X captar sentimentos e valores; acessar o outro o mais próximo possível da sua vivência; e) **Papel do terapeuta:** Precisa integrar as sensações e sentimentos que surgem, ou seja, parar para se escutar, ver no que está tocando e como pode trabalhar com isso. É entender o que aconteceu compreendendo no que determinado cliente toca, para poder ser terapêutica ou encaminhar, se necessário; Apesar de, diante de algumas situações, ficar em um primeiro momento chocado ou com medo, é preciso acessar o que o cliente traz e estar junto da pessoa. f) **Limites do terapeuta:** Ao integrar os seus sentimentos, o terapeuta se depara com os seus limites.	A emergência da alteridade na relação terapêutica, pelo discurso da psicoterapeuta 4, aparece em situações de inusitado provindas tanto do cliente, em comportamentos e elementos trazidos por esse, como dos sentimentos; O terapeuta precisa lidar com situações de emergência de alteridade do cliente e de si; Esses comportamentos e sentimentos causam estranhamento e devem ser compreendidos o mais breve possível pelo terapeuta sob pena de atrapalhar seu papel; Ao assumir o consultório como um espaço não controlado, traz a ideia de que toda relação terapêutica é inusitada, ou seja, não programada.

QUADRO COM O DISCURSO DA PSICOTERAPEUTA 5

EXPERIÊNCIAS COM O INUSITADO NA RELAÇÃO TERAPÊUTICA	CONCEPÇÃO DE INUSITADO
a) Cliente incorpora um espírito: A cliente, que era médium, incorporou um espírito no atendimento. A terapeuta não imaginava que isso pudesse acontecer em um atendimento psicoterápico, mas está habituada a esse tipo de fenômeno em outro contexto. Ela continuou atendendo mesmo considerando que não era mais a cliente e quando esta voltou, conversaram sobre. A cliente ficou envergonhada com a situação. A terapeuta considera o mais inusitado que já aconteceu em sua prática, embora a situação lhe seja familiar em outros espaços, não demonstrando, portanto, grande estranhamento;	**a)** Experiência diferente que impacta em termos de trabalho; **b)** Tudo que pode causar em um primeiro momento um impacto; **c)** Se deparar pela primeira vez com algumas situações, mesmo que sejam, em certa medida, esperadas, e lidar com isso; **d)** Causa uma crise existencial no terapeuta ou soma de alguma outra forma; **e)** Da ordem do não esperado; **f)** Está na transformação das coisas (relaciona com a metáfora do pôr do sol que Rogers traz em um de seus livros); **g)** O inusitado já faz parte da psicoterapia, quando se abre mão de expectativas e de um trabalho programado em cada sessão, que é única, pois não se sabe se ele retorna; **h)** Seria estar aberto a quaisquer questões e lidar com isso.
b) Suicídio: A cliente, na primeira sessão, falou em suicídio. A terapeuta falou que estaria ali independente da decisão da cliente, o que lhe foi difícil, e conseguiu estar com ela nessa experiência, sem receio, simplesmente estando com ela e explorando isso para ela, não recuando da experiência, não querendo convencê-la de nada, mas possibilitando que ela pudesse se conectar com aquilo que estava dizendo. Em outras sessões, chegaram à compreensão de que a cliente queria matar os seus problemas. A terapeuta tinha receio desse tipo de situação, sendo o suicídio algo que a assusta, mas nessa experiência considera que foi bom ter dito que estaria ali. Questiona até que ponto foi inusitado por ser algo, em certa medida, esperado;	
c) Psicose e delírio: O cliente tinha delírios, alucinações e muito receio de entrar nisso. A terapeuta buscou estar com o cliente, sem julgamentos, de poder se conectar e viver o delírio com ele na sessão ("você entra junto e sai junto também"). São casos esperados, a terapeuta já esperava atender algum caso assim;	
d) Cliente dormiu após técnica de relaxamento: A cliente era muito ansiosa. A terapeuta aplicou uma técnica de relaxamento e a cliente acabou dormindo. Enquanto a cliente dormia, a terapeuta pôde pensar no que havia acontecido e percebeu que não havia conseguido aceitar a ansiedade da cliente e queria intervir, diminuindo de alguma forma essa ansiedade. Daí utilizou a técnica que a fez dormir, impossibilitando a relação de acontecer. Para a terapeuta, foi uma confirmação de que não é preciso mais do que as atitudes facilitadoras;	
e) Suspeita de ser soropositivo: O cliente descobriu que havia se relacionado com uma pessoa que era soropositivo e estava apavorado aguardando resultado de exame. A terapeuta percebeu que ele estava com muito medo e viveu esse medo com ele. A sessão extrapolou o tempo estipulado, usualmente de 50 minutos, diante da necessidade dele.	

Continuação...

LUGAR DESSAS EXPERIÊNCIAS PARA A RELAÇÃO TERAPÊUTICA	OUTROS ASPECTOS SUCITADOS	EMERGÊNCIA DA ALTERIDADE
a) Sente-se impactada e motivada para o trabalho pela dimensão de transformação do cliente relacionada a esse tipo de experiências; b) Não se sente assustada ou sem saber o que fazer; c) Nunca se sentiu paralisada, impedindo um trabalho; d) O inusitado só pode acontecer se houver abertura para isso, se o terapeuta criar espaço, um ambiente em que o inusitado aconteça, seja ele qual for; e) Vê positivamente que o inusitado aconteça.	a) **Psicoterapia:** Não são necessárias outras coisas na terapia que não uma escuta, um acolhimento e que isso esteja presente em uma relação, viver isso com os clientes; Dor e sofrimento fazem parte da clínica e das questões que mobilizam; semelhanças com o plantão psicológico (cada sessão é única e tem começo, meio e fim) em que se vive o que emerge em cada sessão ao invés de ficar resgatando as sessões anteriores; b) **Terapeuta:** estar atento à própria fisionomia e expressar o que sua fisionomia denota, mesmo que seja sua surpresa ou impacto diante de algo; conseguir acolher; saber apreciar o que o cliente trouxer, inclusive o inusitado; c) **ACP:** suficiência das atitudes facilitadoras; passagem sobre o pôr do sol.	A emergência à alteridade aparece, para a psicoterapeuta 5, mais como reações e fenômenos trazidos pelo cliente, e que impactam de alguma forma o terapeuta, do que algo suscitado no terapeuta; Apareceu também como o estranhamento de si mesmo do cliente; Este impacto não aparece na forma de afectação do terapeuta. É algo que o cliente proporciona e que, ao lidar com isso, acrescenta ao terapeuta, mas não aparecem momentos de fragilidade do terapeuta ou insegurança; Há a necessidade de abertura, ao mesmo tempo em que o terapeuta precisa saber lidar com a alteridade, ter controle das situações.

Os discursos transcritos nos trouxeram uma enxurrada de informações que ao serem organizadas nos quadros acima puderam ser compreendidos de forma mais organizada para que se pudesse focar nos objetivos da pesquisa. Com a construção dos quadros foi que pudemos, através de uma leitura exaustiva desses, chegar ao segundo momento da análise, a identificação dos elementos desconstrutores específicos permitidos pelos discursos. São eles: alteridade, totalidade, ser afetado/vulnerabilidade e responsabilidade.

O *terceiro momento* conta com o duplo gesto de inversão e deslocamento (Dardeau, 2011), no qual, tomando os elementos desconstrutores observados, começamos a nos distanciar de um *querer-dizer* dos autores acerca das experiências com o inusitado. Para isso, lançamos um olhar especial ao que se encontrava subordinado no texto, invertendo tal hierarquia e focando o que outrora era periferia ou a margem dos discursos (INVERSÃO), deslocando termos de uma determinada posição conceitual para outra (DESLOCAMENTO), tecendo um novo texto visando à compreensão das possibilidades de abertura à alteridade radical nos discursos à luz da ética radical.

No sentido derridiano, o texto é como um tecido, uma composição heterogênea composta de muitas camadas de vários fios, o que a desconstrução intenta é

> [...] pôr os dedos no tecido, puxando alguns de seus fios e acrescentando outros, inventando, assim, um novo texto. [...] Partindo, ou seja, tomando-os como ponto de partida e afastando-se deles, fazendo-os dizer o que jamais teriam dito (NASCIMENTO, 2004, p. 18).

O processo de desconstrução, portanto, se dá na singularidade e contradições metafísicas do próprio texto, o que nos fez manter uma postura de abertura diante da leitura exaustiva dos discursos produzidos nas entrevistas, intentando o desvelamento dos rastros da alteridade radical e a polissemia das possibilidades de abertura que esta propicia.

Vale a pena ressaltar a influência do pensamento levinasiano na filosofia derridiana em que o indefinível rastro aparece como outrem, alteridade radical do discurso, pois "[...] o pensamento da diferença [disseminado por Derrida] implica toda a crítica da ontologia clássica empreendida por Lévinas" (DERRIDA, 1991, p. 55). Nesta direção, Costa (2003) aponta que Derrida se assemelha a Lévinas ao dizer que a coisa mesma sempre escapa, preservando e ocultando em segurança o inteiramente outro (DERRIDA, 2009).

Desta forma, lemos a transcrição dos discursos (texto-discurso) como uma *contra-assinatura*, reinvenção, dentro de um jogo de fidelidade e traição (NASCIMENTO, 2005, p. 15), a partir do qual concebemos os textos-discursos como estando para além de um *querer-dizer* dos entrevistados, pois

> Para haver leitura como contra-assinatura, ou seja, como reinvenção, é preciso que o leitor de algum modo traia o que o outro diz, que ele diga de um outro modo, em outras palavras, pois, segundo Derrida, nunca é o mesmo que volta como resposta ou correspondência.

Desta forma chegamos aos elementos desconstrutores a partir dos quais criamos novos textos. Em *A alteridade como inusitado*, situaremos as possíveis perspectivas em que o Outro radical pode ser considerado e o lugar dessa alteridade radical na relação terapêutica. No segundo subtópico, *O terapeuta ser afetado e a sua vulnerabilidade*, consideramos a desconstrução dos discursos coletados tomando como base o elemento desconstrutor *Ser afetado/Vulnerabilidade*. No último, *A responsabilidade do terapeuta perante outrem*, apresentamos a desconstrução referente ao elemento *Responsabilidade*.

4.1.1 A alteridade como inusitado

Apesar da nossa compreensão da emergência da alteridade como fenômeno relacional neste espaço bicentrado (CURY, 1987) que é a relação terapêutica, é necessário, para o viés levinasiano de não reciprocidade, e, consequentemente, para nossa análise, a elucidação de que perspectiva está sendo considerada o *Outro*. Freire (2003) coloca que a relação com a alteridade nos serviços de psicologia, relação psicólogo–cliente, se dá de variadas formas. Esse autor aponta: o cliente como *Outro* em relação ao profissional, o cliente detendo um *Outro de si* mesmo, o *Outro de si* mesmo do terapeuta, o *Terceiro*, que são os outros trazidos à relação pelo cliente e pelo terapeuta, tanto pelas suas falas, como pela compreensão levinasiana de constituição da subjetividade a partir dos outros, da exterioridade.

Dos discursos dos terapeutas elucidados em nossa pesquisa, pudemos alcançar as perspectivas apresentadas por esse autor, além da dimensão do terapeuta como *Outro* em relação ao cliente, embora o que tenha sido considerado pelos terapeutas como inusitado tenha se restringido às dimensões do cliente como *Outro* e como o *Outro de si* do terapeuta. Por estarmos estudando a abertura ética que perpassa a relação terapêutica tendo como enfoque as dimensões de estranhamento para o terapeuta, priorizaremos o cliente como *Outro* e o *Outro de si* do terapeuta, embora apontemos as demais perspectivas.

As experiências com o inusitado aproximam-se do cliente como *Outro* para o terapeuta quando são descritas como comportamentos, conteúdos e fenômenos trazidos pelo cliente e que acarretam algum tipo de surpresa ou tensão para o terapeuta, como na situação apresentada por uma das entrevistadas: "ela foi se certificar se ela estava menstruada, ela baixou a roupa toda na minha frente. Em um primeiro momento eu: 'Ai meu deus, o quê que eu faço aqui?' (Psicoterapeuta 4).

O cliente aparece, assim, nas entrevistas, como Outro para o terapeuta quando, por exemplo, convida-o para terem relações sexuais, fala que quer se suicidar, planeja a morte de alguém, age ou reage de forma inesperada (incorpora um espírito na sessão, traz informações sobre a sexualidade que pegam o terapeuta de surpresa, dorme durante uma técnica de relaxamento, comemora quando a terapeuta sem perceber utiliza uma palavra com a qual identifica sua experiência), enfim, mexe com os valores do terapeuta (como no caso de um líder político foragido que teve ações que causaram a morte de muitas pessoas e afirmou em sessão que faria tudo de novo, o que foi de encontro aos valores da terapeuta, segundo seu relato).

Foram também trazidas experiências com o inusitado como um *Outro de si* do terapeuta quando, em algumas entrevistas, são relatados comportamentos, sentimentos (em certos casos restritos a sentimentos conflituosos) e fenômenos suscitados no próprio terapeuta de forma inesperada, como o surgimento de imagens mentais e sensações intensas provindas da relação, tais como nas situações abaixo:

> Fui lá, peguei a água, quando fui entregar a água pra ela que ela pegou no copo e na minha mão, eu senti cólica, cólica forte. Na mesma hora, na minha cabeça: "Menstruei há poucos dias, que cólica é essa?". E a cólica ficou incomodando. Quando a sala desocupou, fui buscar e vinha com ela, e a dor aumentando. [...] Quando ela entra, ela diz: "A situação lá em casa tá impraticável". Eu perguntei pra ela como que ela estava se sentindo e ela perguntou pra mim "Tu já abortaste?". Eu não respondi... Sempre que o cliente me faz uma pergunta eu respondo com outra pergunta, não respondo. Eu disse "Como é abortar?" E ela

> riu e disse: "Eu também nunca abortei, mas o que eu sinto hoje é aqui no ventre, sabe aquela dor quando a gente tá com muita cólica menstrual? Como se eu tivesse que arrancar isso de mim". Mulher, eu tava sentindo aquilo lá [o que a cliente descrevia] (Psicoterapeuta 2).

> Me dava a sensação, como se tivesse algo embrulhando o estômago e tentando me tomar de dentro pra fora, que era essa a sensação que ela tava trazendo, embora ela não tenha deixado claro e ela foi confirmando. Quer dizer, eu trouxe de alguma forma esse conteúdo que ela tava sentindo e era isso que eu tava sentindo até no corpo mesmo, quando ela foi falando. Era como se tivesse alguma coisa tomando as minhas entranhas, que era isso que ela falava, que isso dava muito medo, que isso era pavoroso (Psicoterapeuta 4).

Na pesquisa, o terapeuta é tido como *Outro de si* quando se desconhece diante de algum acontecimento (ex: esquecer o cliente). Ele se depara com seus limites pessoais e sua insegurança, sendo tomado subitamente e de forma espontânea por imagens, sentimentos ou sensações vinculadas à experiência do cliente (por exemplo, o pavor que a cliente trazia, a sensação de aborto na forma de uma cólica forte).

O *Outro de si* é "outro em si mesmo [...] como vários outros (*eus*) ou o diferente, o estranho" (FREIRE, 2002, p. 153), como se dá ainda mais claramente no discurso abaixo, em que a terapeuta se desconhece frente ao acontecido:

> Então foi inusitado, não foi bem esquecer dele [do cliente], quer dizer, foi isso, mas, assim, isso não é normal. Eu sou muito pontual e como eu marco cliente, eu divido entre a universidade e o consultório, então, eu fico o dia inteiro, eu não falto, se eu falto eu aviso, enfim, não chego atrasada, muito menos esquecer (Psicoterapeuta 3).

Podemos nos referir, também, ao *Outro de si* do cliente diante de situações de estranhamento a certos aspectos de si mesmo, que geram medo e o não reconhecimento de si do cliente, como aparece no discurso da Psicoterapeuta 5 sobre um cliente que ouvia vozes e tinha dificuldades de se aproximar dessa dimensão *estrangeira* a ele, tanto recusando-se a tomar medicação, quanto a experienciar esse *Outro de si*:

> Mas quando ele veio, tava há algum tempo com psiquiatra, tomando medicação e ele veio justamente no momento em que ele parou a medicação porque tomar a medicação pra ele era se reconhecer como doente, e aí fazer enfermagem, estar dentro do hospital, estar dentro do contexto de saúde, mexia muito com ele. Era como se ele quisesse se experimentar: "Eu não preciso mais dessa medicação, eu não sou doente", eu sentia muito forte isso pra ele. E quando ele parou a medicação, ele teve outro surto, teve todo um processo bastante complicado e foi quando ele me procurou [...] (Psicoterapeuta 5).

> [...] mesmo no delírio, na alucinação, ele sempre foi muito reflexivo, se dando conta do processo, com medo do processo, com medo danado de entrar naquilo que ele sentia, via, experienciava. E nas sessões poder contatar com ele, que ele se permitisse... com muito medo também (Psicoterapeuta 5).

A abertura à alteridade se daria frente ao acolhimento das diversas facetas que emergem, tendo-se uma escuta da pluralidade do *self* (MEARNS; SCHMID, 2006), facilitando o contato do cliente com o estranhamento de si. Abre-se espaço, assim, para o processo terapêutico como desconhecimento de si (VIEIRA; FREIRE, 2006). Isso pode ser suscitado no trecho abaixo na medida em que a terapeuta facilitou a entrada do cliente nessa experiência de estranhamento:

> E eu acho que estar ao lado dele facilitou para que ele pudesse entrar e ver as questões que tinham ali ligadas a tudo isso, as vozes que ele escutava... quanto tinha às vezes de desejo dele nisso tudo ou o movimento de se fechar, de se trancar pelo medo. Tinha uma questão, ainda tem uma questão muito grande com as relações, com aproximação. Então, quanto que o outro era ameaçador, mas desejado (Psicoterapeuta 5).

A fala dessa terapeuta pode ser compreendida também como uma postura de familiarização desse *estranho*, aniquilando a diferença em prol do idêntico, quando ela afirma: "Então, quanto tinha dele também nessa produção toda pelos medos que o mobilizavam?" (Psicoterapeuta 5). Nesse momento, dá-se uma busca por tornar o diferente em Mesmo, uma tentativa de compreender o que não é compreensível a partir de uma identificação com o Mesmo.

Outro aspecto relevante trazido no relato desse caso é a dificuldade desse cliente em se aproximar de outras pessoas, apesar disso ser algo desejado, segundo a terapeuta. Em uma perspectiva levinasiana, a relação com o outro é da ordem do Desejo, mas de um desejo que não se sacia, pois não é falta que possa ser satisfeita, é excesso (LÉVINAS, 1988b). A relação com o outro traz a dimensão de infinito e não a da satisfação.

A relação com as outras pessoas do cotidiano do cliente trazidas nas sessões, como no trecho de entrevista que acabamos de ver, é pensada por nós a partir da dimensão do *Terceiro*. Isso aparece de forma mais marcante, por exemplo, na situação abaixo em que o terapeuta foi surpreendido com a ida à sessão do cliente acompanhado de outra pessoa que faz parte da sua vida (como a avó e a irmã):

> Eu ia atender uma moça, ela foi, tava com a avó e ela queria que a avó participasse da sessão. Como eu sem-

pre tive ideia da liberdade, do respeito pela autoridade do outro, aceitei: "Você quer? Pronto". Agora eu vou escutar o que ela tá fazendo ali, pra quê que ela tá trazendo essa avó, o que é que isso me diz. Foi muito interessante. Foi a primeira vez lá: "Como seria isso pra mim?", mas depois aconteceu outras vezes, outras pessoas traziam o namorado ou a namorada, ou uma que eu lembrei agora, ela até fazia psicologia, trouxe a irmã e o cunhado porque queria fazer um depoimento para os dois. Muito bonito Quer dizer, não tinha nada preparado pra isso. Não foi uma ação minha, mas eu fui também surpreendido pela ação do outro (Psicoterapeuta 1).

A experiência que apresentamos a seguir nos leva a pensar na questão da justiça levinasiana devido a terapeuta se deixar afetar pela ideia da morte de outrem, em que irrompe a presença do *Terceiro*, que não é o cliente nem o terapeuta, mas que se apresenta na relação e impacta o terapeuta. Remete, assim, à ideia de ética como justiça, pois "[...] a relação interpessoal que estabeleço com outrem, também devo estabelecer com os outros homens; logo, há a necessidade de moderar este privilégio de outrem; daí a justiça" (LÉVINAS, 1988a, p.81):

> Mas o que me chamou muito a atenção, que não tinha acontecido nunca comigo, era "Eu não posso, eu não vou conseguir ouvir uma pessoa cuja ação gerou muitas mortes e que não tem nenhuma crítica e que me disse que faria tudo novamente", e que, na verdade, o seguinte... Era de um país da América Latina e que ele é... Nesse momento seguinte, existia uma anistia se a pessoa negasse os seus crimes... E ele falou que ele não ia negar e ele não queria ser julgado porque ele seria condenado e não iria negar, que fazia parte da história dele. Ideologicamente eu concordo com isso, mas pessoalmente, existencialmente, eu não poderia estar com ele porque a minha incondicionalidade foi

para o espaço [...] o inusitado foi a minha sensação de que eu não seria capaz de ter uma escuta limpa com essa pessoa, então eu não seria uma boa terapeuta (Psicoterapeuta 3).

Além dessas perspectivas, podemos apontar, ainda, o terapeuta como *Outro* em relação ao cliente, na medida em que comportamentos inesperados do terapeuta surpreendem e causam estranhamento no cliente. Isso aparece nos discursos quando o terapeuta relata o espanto do cliente diante, por exemplo, da reação da Psicoterapeuta 2, que esqueceu o atendimento do cliente e, na hora, conversou com ele, sendo franca e colocando sua dificuldade em atendê-lo. Referimo-nos, nesse estudo, ao estranhamento experienciado pelo terapeuta, apontando outras perspectivas para serem futuramente aprofundadas a partir de novos estudos. No entanto, consideramos que essas outras dimensões devam ser reconhecidas e acolhidas pelo terapeuta em sua atuação em um entendimento de que a alteridade encontra-se imbricada na relação terapêutica e pode ser tomada em diferentes perspectivas.

Ao trazer a dimensão de alteridade como surpresa, interrupções, mudança em resposta do outro e clarificações e reparos para o terapeuta, além de situações em que faz emergir de forma mais marcante a intuição desse profissional, as experiências citadas acima se relacionam com as descritas por Whiting, Nebeker e Fife (2005) acerca da irrupção do Rosto na relação terapêutica. Podemos exemplificar essa aproximação com o excerto abaixo, que relata a interrupção da cliente, reação diante da atuação do terapeuta, trazendo a mudança da postura deste em resposta à cliente:

> Um dia eu fiz uma intervenção horrorosa, tem um ano, por aí. Tão horrorosa que eu acho que bloqueei a intervenção. É uma moça que tava me contando uma experiência dela do tipo quando era pequena. Tinha uma

> brincadeira de pique com os primos, ela foi e o primo ficava bolinando ela e que ela não gostava muito, mas não falava muito e tal. Eu fiz uma intervenção tão horrorosa que eu não lembro qual foi, mas a sensação que me deu é como se: "Isso não é nada". Não foi isso, claro que não foi isso. Eu vi que não foi uma intervenção boa porque eu vi que ela reagiu, quando ela reagiu eu consegui escutar o que é, de qualquer forma o que se acertou muito ainda, mas eu vi que na hora tinha uma intervenção totalmente fora, não sei por que, mas acontece. O cliente me sinalizou logo em seguida porque é como se eu não tivesse considerando. É diferente da construção do diálogo terapêutico. Eu tava falando uma coisa mais ou menos desconsiderando, isso eu fico relembrando dessa intervenção, acho que foi uma intervenção que eu não considerei direito a experiência dela. Como não, se ela tava sendo bolinada? Tem coisa mais horrorosa? Mas na hora eu acho que eu falei que não era, não é que eu falei: "Não é", falei alguma coisa que eu não dei o devido valor (Psicoterapeuta 1).

Esses momentos de irrupção do Outro são considerados por Whiting, Nebeker e Fife (2005) como de exigência de resposta, de responsabilidade moral do terapeuta diante de sua condição de *face a face* com o Outro. A preocupação do terapeuta em estar atento e aberto ao que está sendo experienciado e comunicado pelo cliente, ao que é *revelação* (LÉVINAS, 1988b), pode ser compreendida como resposta em uma postura Ética de *reconhecimento* (SCHMID, 2006a) da anterioridade do Outro. O relato abaixo traz o reconhecimento do terapeuta dessa anterioridade do cliente como *Outro*:

> Não foi uma ação minha, mas eu fui também surpreendido pela ação do outro, porque a minha, eu tô lá, às vezes, o que eu posso pensar é se aquela intervenção que eu fiz foi a mais apropriada, se eu ajudei de fato, agora, o cliente sinaliza quando você não tá intervindo direitinho (Psicoterapeuta 1).

Sobre essa anterioridade, em Lévinas (1988b, p. 87), o Outro vem sempre primeiro, sendo a linguagem instituída a partir dessa exterioridade: "[...] a linguagem só pode falar-se se o interlocutor for o começo do seu discurso, se por conseguinte ele permanecer para além do sistema, se não permanecer *no mesmo plano* que eu".

SCHMID (2002) nos fala da terapia como um fenômeno ético que tem sua origem no Outro e no qual o terapeuta precisa ter uma atitude de humildade frente ao desconhecido, em um processo que denomina de *a arte de não-saber*. O reconhecimento desse não-saber é uma postura de abertura frente ao que quer que surja, de disponibilidade do terapeuta para e pelo cliente. Nessa medida, todo atendimento é inusitado, pois o profissional não sabe o que irá acontecer de fato, sendo cada sessão única, uma surpresa:

> [...] quando vou pro consultório, eu sei que vou atender às duas, às três, às quatro, às cinco e às seis, mas não sei o quê que vai me ocorrer. Eu diria que é mais inusitado porque eu não tenho ideia do quê que meus clientes vão trazer. Então cada dia de atendimento eu diria que é uma surpresa (Psicoterapeuta 1).

Para Lévinas (1988b), o Outro não se deixa apreender, nem controlar, não se colocando como previsível, nem mesmo partindo de uma escolha. Ao assumir a ausência de um controle no ambiente terapêutico o profissional se aproxima dessa compreensão, reconhecendo cada sessão como espaço possível de emergência da alteridade, como no trecho abaixo:

> [...] Eu não acredito, por exemplo, que num ambiente, vamos imaginar um ambiente de consultório, ele seja um ambiente controlado. [...] Eu acho que a gente tem alguns psicoterapeutas ou algumas pessoas que tem essa ilusão, pra mim, é uma ilusão.

> Eu acredito que talvez o ambiente, o ambiente de consultório, a gente tem a ilusão que vai ser um lugar que você vai ter... As intervenções vão vir bonitinho, que o cliente vai ter uma maneira de expressar X ou Y. Algumas pessoas têm essa visão porque parece que é um modelo um pouco formatado: eu sento, começo a falar da minha vida e tá, até aí é tranquilo acompanhar. Eu acho que o inusitado, ele permeia a relação psicoterapêutica [...] ele tá entranhado, eu não vejo um lugar específico pra ele não, a qualquer momento pode acontecer (Psicoterapeuta 4).

Em contraste a uma postura de acolhimento à alteridade, a expectativa do terapeuta diante de um atendimento pode vir a reduzir o Outro a uma condição de algo já esperado, previsível, contrário a uma postura de abertura frente ao desconhecido. Isso pode ser ilustrado na fala abaixo, na qual a psicoterapeuta coloca situações que acabara de considerar inusitadas, como algo da ordem do esperado:

> Você espera que uma pessoa com diagnóstico, vivendo uma alucinação, um delírio, te procure, pessoa que tenha envolvimento com dependência química [...] Eu tinha receio, mas eu já esperava, não era estranhamento porque eu já esperava: 'Um dia vai chegar um cliente que vai chegar pra mim e vai me dizer isso' [...] Essa questão do suicídio me toca de forma particular, mas era um esperado (Psicoterapeuta 5).

Isto traz um ensimesmamento do psicoterapeuta, de uma escuta de um *dito*, algo que se encontra já pronto, um *não sair de si*, em detrimento da abertura a algo que está sempre por *dizer*, que foge das amarras dos *jogos linguísticos* (FREIRE, 2002):

> Se o face a face dos sujeitos que falam precede e excede todo discurso, este não pode jamais se solidi-

ficar em verdades absolutas e definitivas; resta sempre à palavra o poder de transpassar um pensamento já feito, o poder [...] de falar como pela primeira vez, como se nada ainda tivesse sido dito (DARTIGUES, 1992, p. 162).

O *dizer* levinasiano, abertura à exterioridade, refere-se, para Vieira e Freire (2006, p. 430), a uma fala excêntrica que "[...] não mantém uma estrutura fixa de identidade, descentrando o sujeito que a pronuncia, como que um discurso pela primeira vez pronunciado e [...] criador de novas possibilidades". Assim, em uma postura de abertura ética à alteridade, caberia ao psicoterapeuta se desprender de suas verdades e pré-conceitos acerca do cliente e de si mesmo, abrindo-se para a fala que se estabelece na relação como um *dizer* e não como um *dito*, na produção e reconfiguração de novas intenções e desdobramentos.

O mesmo sentido de totalização pode ser tomado quando a emergência à alteridade é tida como um fenômeno natural como qualquer outro, que precisa ser tratado com naturalidade e compreensão e que, por mais que mexa com o terapeuta, há sempre uma justificativa a ser, em menor ou maior prazo, alcançada. O que aparece como diferença é assim escamoteado em uma naturalização, tornando-se natural, comum, tal como no trecho abaixo, quando o terapeuta considera que as experiências com o inusitado devam ser consideradas naturais, não devendo causar impacto ao terapeuta:

> Eu acho que qualquer fala é um fenômeno. Eu não tenho que distinguir uma fala de outra, mesmo que a fala venha através de um sonho ou venha de uma explicitação de um desejo. Então, pra mim é muito natural isso, que dizer, é uma fala, tenho que tentar compreender e ajudá-la a compreender o quê que ela

> tá me dizendo com isso. Então eu não fico preocupado, pode ser qualquer fala, como da pessoa que fala pra mim que vai se suicidar. Isso não me assusta porque eu entendo que ela quer matar é a vida medíocre que ela vem levando (Psicoterapeuta 1).

O enfoque dado à transformação do estranho em *Mesmo*, em compreensão, acarreta a perda da dimensão de singularidade do outro, que passa a ser visto como mais um dentre outros. A universalização de experiências anteriores do terapeuta, com a expectativa de que clientes diferentes diante de uma mesma situação estejam dentro de um mesmo padrão, como no comentário acerca de casos de suicídio na citação acima, denota uma prática surda à exterioridade, às possibilidades e vicissitudes do cliente como Outro, como imprevisibilidade. Em Lévinas (1988a, p. 52) "o conhecimento é sempre uma adequação entre o pensamento e o que ele pensa. Há no conhecimento, ao fim e ao cabo, uma impossibilidade de sair de si [...]".

As generalizações e pressuposições do terapeuta acerca do cliente e dos possíveis desdobramentos dos atendimentos trazem um saber que não é mais do que uma identificação, uma redução do *Estrangeiro* a algo idêntico ao Eu. O saber despoja o outro da sua alienação, referindo-se não mais a outro enquanto tal, mas ao Mesmo, ao próprio pensamento do Eu, no caso, do terapeuta (LÉVINAS, 1991). A relação com o Outro deixa de se dar pela perspectiva de revelação, constante mistério (VIEIRA; FREIRE, 2006), como nos parece fazer Moreira (2009a, p. 62), quando essa autora afirma:

> Apesar de muitos anos de experiência que possa ter um psicoterapeuta, ele jamais poderá prever com certeza o que ocorrerá em um processo de psicoterapia, embora tenha todos os conhecimentos teóricos a respeito do processo, de suas fases e características. Ao

contrário, a experiência confirmará que a psicoterapia é o lugar do novo, do criativo. Cada caso será *singular*, embora uma teoria do processo psicoterapêutico fundamente suas características universais. Corresponderá ao terapeuta, justamente, caminhar na interseção da universalidade da teoria com a singularidade de cada paciente como ser humano.

Para Lévinas (1988b) o outro é *absolutamente outro*, aquele que intima todo conhecimento estabelecido e exige resposta como abertura. A relação com o cliente traz, assim, a ideia de Infinito para o terapeuta, de inabarcável a qualquer teoria psicológica ou práticas anteriores do profissional, sendo imprevisível e exigindo como resposta a abertura, acolhimento e criatividade do terapeuta (SCHMID, 2006a, 2006b). É nesse sentido que pensamos a *arte da psicoterapia*, exigência do desenvolvimento da sensibilidade "na tentativa de integrar a naturalidade de uma relação pessoal, calorosa e humana com a seriedade criteriosa de uma sólida fundamentação científica" (MESSIAS, 2002, p. 96).

O conhecimento universalizante da ciência pode acarretar em uma forma de totalização da alteridade, como, por exemplo, na busca pela transformação do que é da ordem do não esperado em um recurso, uma técnica a ser utilizada, ainda que em prol do cliente e que se diferencie do sentido de técnica, como nos remete o trecho abaixo:

> Hoje eu já consegui um manejo melhor de utilizar a favor dali, vendo isso como um fenômeno natural de duas pessoas que estão ali trocando energia, dividindo um espaço. [...] Então, é isso, vejo [a experiência com o inusitado] como muito importante como recurso, como técnica, não essa técnica do pragmatismo, mas por não ter o nome mais apropriado, vejo como um recurso, uma técnica favorável a se utilizar (Psicoterapeuta 2).

O Outro é diferença absoluta, fazendo-se necessário que se mantenha uma distância ética que impossibilita uma relação de objetificação, tal como seria ao estabelecê-lo como um meio, um instrumento para algo. A relação com o Outro não é da ordem da compreensão (apreensão), não é uma relação sujeito e objeto, nem mesmo uma relação de simetria, de reciprocidade ética, para que não se caia fatalmente nas *armadilhas do Mesmo* (SCHMID, 2006a).

4.1.2 O terapeuta ser afetado e a sua vulnerabilidade

Segundo Lévinas (1988a), o encontro ético com o Outro acontece por uma via diferente da racionalização, inteligibilidade calcada em um saber que se deixa ser apreendido e aplicado. A relação ética com o *absolutamente outro* se dá através da sensibilidade:

> Esta abertura ao Outro, embora significando uma responsabilidade radical para com o próximo, não é fruto de uma intencionalidade, mas de uma sensibilidade onde o Eu deixa-se impactar pelo estranho, pelo externo, pela alteridade [...] (FREIRE, 2002, p. 51).

A via da sensibilidade como não-intencionalidade pode ser por nós vislumbrada na concepção de inusitado como algo intuitivo e pré-reflexivo que chega no organismo, resultando no compartilhamento de sentimentos e sensações ou no surgimento de imagens, provindos do que o cliente trazia pela sua fala ou vivenciado corporalmente por ele no momento da relação. Segue, abaixo, o relato da terapeuta que aponta imagens mentais metafóricas com elementos da vida dos clientes não mencionados anteriormente e que surgem de forma inesperada:

Ele [o cliente] tava falando lá sobre a vida dele [...] e de repente me veio uma imagem mental que era assim: um guarda-roupa, um armário antigo, tabaco escuro, de madeira antiga e dentro desse guarda-roupa um menino com o pé dobrado pra dentro e o outro dobrado para fora. E eu só via isso: a porta do guarda-roupa entreaberta e esse menino lá dentro. E eu disse: "Tá vindo uma coisa na minha cabeça". [...] Aí ele: "O que foi?". Eu disse: "De repente a imagem de um menino dentro do guarda roupa com a perna pra fora e outra pra dentro". Ele fez: "É, eu vivo em um armário". E veio toda a questão da homossexualidade. Aí eu disse: "É, mas eu não tô te vendo no armário, eu tô vendo um menino.". Ele fez: "É. Eu sou o menino, ainda não consegui crescer e vivo no armário". Só conseguimos explorar isso nesse dia, quando foi algumas sessões depois, ele tava falando lá da relação dele com o pai dele e a imagem voltou. Eu disse assim: "Eita. Aquela imagem do guarda-roupa voltou de novo". Ele perguntou pra mim: "Do mesmo jeito?" Eu disse: "Não. O menino com uma camisa de listra". Eu conseguia visualizar mais e visualizei uma camisa de listra. Aí ele fez assim: "Ah, mas eu adorava vestir uma camisa de listra quando eu era pequeno, só que quando eu vestia o meu pai dizia que eu era gay" [...]. E ele [o pai do cliente] dizia: "tira essa camisa!" E ele [o cliente]: "E eu gostava muito da camisa. E ele começava a me chamar de viado, pra ir tirar essa camisa. Eu corria pra dentro do guarda-roupa e me trancava com medo de apanhar e porque eu não queria tirar a camisa, porque eu gostava muito daquela camisa". Eu fico até arrepiada, desculpa, mas aí "Caramba, que é isso?", eu fiquei pra mim: "Que é isso meu Deus?". Eu não sabia. Saiu e ele trabalhando... Que ele tava... Não era uma imagem minha, era algo dele que em algum nível do relacionamento da gente, não sei se o que o Rogers chama de estado alterado de consciência se aplica, aconteceu (Psicoterapeuta 2).

Vieira (2009) afirma que a proposta de conhecimento na teoria rogeriana, e também na psicoterapia, é dada pela via dos sentidos, de forma organísmica, o que permite um conhecimento diferente do vinculado ao intelecto. Compreendendo sensibilidade como abertura à possibilidade de ser afetado, "vulnerabilidade ao excesso que ultrapassa a palavra pronunciada [...] afetação pelo que não pode nem deve ser explicado" (VIEIRA; FREIRE, p. 429), o impacto sofrido pelos terapeutas, em algumas experiências relatadas, pode ser tomado como acolhimento sensível à irrupção do Outro.

O surgimento do *não-familiar* que afeta o terapeuta como *traumatismo* gera tensão, sentimento de ausência de controle, em que o profissional sente-se perdido. São momentos em que o psicoterapeuta se depara com seus limites, com a perda de seu *poder de ajudar*, pois seus conhecimentos, teóricos e práticos, colocam-se como insuficientes diante do *absolutamente outro*, tal como surge no relato da entrevistada, que discorre sobre como se sentia diante do inusitado:

> [...] são situações muito tensas [...] são momentos em que existe certo grau de tensão em que eu sou muito perdida [...] Foi um momento de desespero, eu nunca sei o que vai acontecer. Isso foge um pouco do meu controle. Então, assim... O momento do inusitado, digamos assim, sem ser ruim, é um momento é... Não é bom, não é agradável. Tem um sofrimento implícito em que eu me sinto um pouco perdida, em que eu me sinto fora um pouco do meu lugar é... Talvez como se o meu poder de ajudar o outro estivesse balançado nesse momento. Eu não tenho muito certeza do quê que eu vou... Qual o próximo passo. Acho que é isso, não é confortável, não é ruim. É um desconforto até que as coisas entrassem em um lugar pro bem ou pro mal, ou seja, se a relação termina, ou se não termina, se prossegue, acho é sempre bené-

fico, é sempre um marco, digamos assim. Isso não acontece com todos os clientes, não tem essa coisa de um marco (Psicoterapeuta 3).

Como traumatismo, a relação com o Outro é sofrimento, uma afetação que traz um desconforto, como se as coisas estivessem *fora do lugar*, desalojadas. O terapeuta, ao se deparar com a irrupção do Outro, é intimado a esse desconforto de quem é tirado do seu lugar, pois seu lugar desde sempre é usurpação do lugar do Outro (FREIRE, 2002), com quem não há adaptabilidade (COELHO JUNIOR; FIGUEIREDO, 2004).

Essa dimensão de sofrimento frente ao traumatismo do encontro com o Outro emergiu também no discurso da Psicoterapeuta 4, que, ao ser solicitada a descrever uma experiência com o inusitado, respondeu: "Eu já sofri assim em situações de psicoterapia, de atendimento clínico, algumas situações, mais de uma na verdade" (Psicoterapeuta 4). A utilização do verbo sofrer pela entrevistada nos leva também ao caráter de sujeição frente ao Outro, estando refém da responsabilidade por ele, responsabilidade essa que é insubstituível (LÉVINAS, 1988a).

A irrupção do outro como Rosto gera desestabilização e a possibilidade de um sentimento de inversão por parte do terapeuta, que passa a reconhecer o cliente como o especialista nesses momentos. O cliente retira o terapeuta do seu lugar de especialista, tal como no trecho abaixo, no qual a terapeuta relata que, diante de uma situação inusitada para ela, parecia que o cliente é quem era o profissional. Perder o lugar do profissional deixa o terapeuta hóspede na sua própria casa, pois, como já mencionamos, o seu lugar é usurpação do lugar do Outro, no caso, do cliente:

> De repente eu botei a mão na cabeça e disse assim: "Ô, fulano, para um pouquinho aí ó, eu tô me sentindo

> tão impotente pra te... Eu tô com sono tão grande que eu tô me sentindo impotente pra te ouvir". Menina, ele levantou da cadeira: "É isso!", aí eu acordei e disse "É isso o quê?". [O cliente disse:] "Eu sou um impotente!". É claro que não manda em casa, é o provedor... É impotente, mas pra ele tomar ciência daquilo... Ele vinha pra mim "Menina, você me ajudou. Eu sou um impotente!" [...] eu, estagiária, não sabia como lidar com isso, eu nem saía da cadeira, eu não sabia como lidar. No início, a gente tem aqueles momentos da insegurança e tal, e eu fiquei... Olhava pra ele, ele vinha, beijava a minha cabeça e saía, falava um monte de coisa e voltava, se ajoelhou no chão, pegou na minha mão agradecendo porque tinha chegado no significado da experiência dele. *Parecia até que ele era o profissional e eu a cliente, no sentido que eu assustada com tudo aquilo que tava acontecendo* (Psicoterapeuta 2, grifo nosso).

A saída do ponto de referência de saber do terapeuta para o cliente caracteriza a proposta rogeriana (CURY, 1993; MESSIAS, 2002), diferenciando-a das demais posturas profissionais da época focadas na figura do profissional, na técnica e objetividade (SCHMID, 2003, 2006b). Aqui, a proposta rogeriana aproxima-se do viés levinasiano, para quem "pensar o outro, o infinito, o transcendente, o Estrangeiro, não é, pois, pensar um objecto" (LÉVINAS, 1988b, p. 36).

O ousado ponto de vista de Rogers foi bastante rechaçado por diminuir o *status* do profissional diante da compreensão de que as mudanças terapêuticas no cliente não eram efetivadas apenas com o saber racional do terapeuta acerca da situação. O cliente é o especialista em seu processo terapêutico, e o terapeuta assemelha-se mais a um guia sherpa (BOWEN, 1987; MOREIRA, 2009b; VIEIRA, 2009), a um acompanhante:

> [...] é não dirigir a pessoa, em sentido nenhum, o terapeuta é somente um [...] acompanhante e não um

guia. Eu tô ali é pra ajudar a pessoa a explorar o mundo dela e eu fico muito feliz quando ela permite que eu penetre o mundo dela porque o cliente tem que te dar essa autorização, se não eu não consigo me mover (Psicoterapeuta 1).

A abertura à alteridade aparece diante do reconhecimento do Outro como não disponível a um conhecimento, pois o saber já estaria na esfera de uma totalização, redução do Outro, relacionando-se a um poder e a uma posse (LÉVINAS, 1988b). Ao psicoterapeuta resta, portanto, lançar-se na sua própria vulnerabilidade, guiado pela sua sensibilidade diante do cliente como estranhamento absoluto. A situação abaixo relatada, o contato com a alteridade como acarretada por um deixar-se afetar, em que a postura do terapeuta se deu pela sensibilidade, no seu desespero, e não de forma racionalizada:

> Minha sala era em cima, precisava descer uma escada, que embaixo da escada tinha um sofá e aqui [em frente ao sofá] tinha a sala, a mesa da secretária, embora ela já tinha ido embora. Aí eu desci com mala e bagagem e tal. E desço e vou direto para a sala da secretária, nem olho pra aqui [mostrou o local onde ficava o sofá] e o *Ricardo* fala: "Me dá uma carona?", eu falo: "Dou". Eu fui pra sala da secretária pra ver se eu tinha recado, eu digo "Dou" e olho e dou de cara com ele [o cliente] sentadinho no sofá e eu me lembrei que eu esqueci dele neste momento. [...] E aí eu vi que esqueci e disse assim: "Não vou embora", eu disse pro *Ricardo,* que tava descendo a escada. Eu passei por ele [pelo cliente] e falei: "Você pode aguardar um instante?". Ele falou: "Eu vou pensar se eu te aguardo." Aí eu subi, rezei, fiz tudo o que sabia, invoquei Rogers [...] O que faço? Abri a sala e enquanto isso eu fui me acalmando por dentro, abri a sala, tirei minha bolsa e tal, preparei a sala pra ele. Quando ele falou isso eu pensei: "Bem, tem uma

chance". Quando eu desci e o vi, eu: "Pronto, vou ter uma boa chance". Bom, aí eu convidei ele pra subir e é claro que... Ele era uma pessoa muito irreverente, muito irônica e tal. Ele falou: "Ah, fiquei aqui para pegar o número do conselho pra lhe denunciar", ele falou assim. Bem, eu o deixei esbravejar tudo o que ele tinha direito, eu consegui acolher isso e aí eu falei pra ele que tinha sido muito bom tudo isso ter acontecido. Eu falei sério porque na verdade tava muito difícil essa relação pra mim, que me sentia muito desconfortável com ele. Bom, na verdade, o que eu fiz é o que eu ensino pros meus alunos, é a expressividade do terapeuta no momento certo, no desespero do terapeuta. [...] o inusitado foi a maneira como eu pude lidar com isso, que foi uma maneira muito boa que foi mais guiada pelo meu desespero do que por uma coisa qualquer (Psicoterapeuta 3).

Ao se deixar guiar pelo seu desespero, o terapeuta abre mão de posturas costumeiras e, nesse sentido, controladas, para lançar-se em uma relação de abertura frente ao desconhecido, sem racionalizações prévias e seguras acerca do que irá de fato fazer, de como irá se portar: "O quê que eu posso esperar de um cliente meu? Eu não crio expectativa. Pra mim é muito claro" (Psicoterapeuta 5).

Para Vieira (2009), os pressupostos teóricos da ACP possibilitam a abertura a um não-saber, a algo que escapa à racionalidade e ao controle do terapeuta, impossível de previsão, pois a sabedoria organísmica reside na ignorância, dando-se por via da sensibilidade e dos sentimentos em um processo de não conhecimento, de não racionalidade: "Pra mim, a questão do inusitado é eu estar com o outro e é confiar que dali nós vamos, pessoalmente ele, apontar o caminho para onde ele quer ir" (Psicoterapeuta 1).

Nessa perspectiva, a abertura à alteridade radical aparece como possível através de uma postura de crença na sabedoria organísmica do cliente e do terapeuta, estabelecendo-se o reconhecimento da impossibilidade de compreensão (como apreensão), restando ao terapeuta colocar-se disponível para acompanhar o cliente, para estar com ele:

> Clientes com diagnósticos de psicose e viver o delírio com ele na sessão, poder escutar de como é que é isso, de como é que é estar comigo naquele momento e tá tendo pensamentos ora na confusão de ser construção dele, ora na confusão de tá escutando alguma coisa externa a ele [...] É estar com ele, quer dizer, toda essa produção sem julgamentos em que ele pudesse fazer contato com isso porque o assustava muito e ele não estando na sessão, o movimento dele para se manter era não fazer contato com tudo isso porque pra ele fazer contato com tudo isso era... Aí, sim, sair da realidade. [...] E poder estar com ele nesse processo todo é legal porque você entra junto e sai junto também (Psicoterapeuta 5).

A dor e o sofrimento são tidos como elementos que fazem parte do material de trabalho do psicólogo. Esse deve sofrer *com* e *pelo* o cliente sem reduzir o sofrimento a uma questão de sintoma (GANTT, 2000), tendo-o como algo fundamentalmente social, contextualizado e singular, partindo da idiossincrasia de cada sujeito, sem dimensionamentos comparativos:

> O que distigue a dimensão de sofrimento? Sofrimento é uma coisa muito particular. Eu acho que não dê pra dimensionar o sofrimento: "Tem problemas mais importantes, tem problemas menos importantes". Pra mim, todos são importantes (Psicoterapeuta 2).

Ao sentir a dor do cliente o terapeuta é tocado, não saindo indiferente desse encontro (SCHMID, 2006a): "Olha, tem uma frase [...], uma epígrafe, que é a seguinte: 'A dor do outro não é a minha dor, mas ela me dói'. Eu não tenho como ficar indiferente quando uma pessoa vem e abre seu coração e depois eu te conto que isso não existe" (Psicoterapeuta 1). O terapeuta não reduz a dor do outro a uma dor sua (ensimesmamento pela posse), nem tem o poder de aliviar a angústia do cliente: "[...] como que eu fico? Às vezes, eu fico com um pesar em ver essa pessoa em um sofrimento profundo e, às vezes, um pesar também que de imediato eu não tenho como aliviá-la ou ajudá-la nesse alívio, é um processo" (Psicoterapeuta 1).

É preciso, então, do terapeuta, a disponibilidade para estar com o cliente em seu sofrimento: "Eu vou acalmar, colocar em panos quentes? Não. Ele tá com medo, então eu vou viver esse medo com ele, eu vivi esse medo com ele" (Psicoterapeuta 5). Na perspectiva levinasiana de proximidade ética, "é estar em contato com o Outro sem, contudo, anular sua alteridade, tampouco deixar-se suprimir no outro" (FREIRE, 2002, p. 56):

> Se a gente consegue realmente escutar o outro e, mais do que isso, tá junto com ele, isso tende a tornar a relação mais profunda [...] muitas vezes você se sente em um primeiro momento chocado ou até com medo, mas se você consegue acessar e tá junto com aquela pessoa naquilo que ela tá trazendo, isso aprofunda a relação (Psicoterapeuta 4).

O terapeuta acolhe e responde ao Outro em sua condição de miséria e solidão, a exemplo das figuras fragilizadas apresentas por Lévinas (1988b), a viúva e o orfão. Esse acolhimento gera uma relação profunda, que por vezes diferencia a relação terapêutica das outras formas de relação estabelecidas pelo cliente em sua vida (SCHMID, 2006a), tal como relatado abaixo:

> É uma intimidade tão profunda que até aquele momento ele não conseguiu com outra pessoa.

> Essa pessoa mesma que eu te falei em um primeiro momento, ela nunca falou disso pra ninguém, mas todo mundo via que ela tava sofrendo só, que a atitude das pessoas em volta dela, quando ela falava, quando ela tentava falar desse ódio, era: "Deixa disso", "Para de fazer isso", "Isso tá fazendo mal pra você. Ela sabia que tava fazendo mal a ela, mas ninguém queria escutar ou não dava conta de escutar essa pessoa, de falar, de trazer da entranha mesmo esse sentimento tão sério, tão profundo que ela tava vivendo. Então, quando isso surge, e acho que o inusitado, pra mim, nesse sentido, ele traz esse conteúdo mais visceral, talvez um conteúdo mais... É como se fosse aquele segredo que a gente não conta pra ninguém (Psicoterapeuta 4).

A dor do cliente chega ao terapeuta pela via da sensibilidade e na sua vulnerabilidade o profissional responde à intimação do Outro, em uma abertura à assimetria dessa relação, gerando uma proximidade, uma intimidade afetiva mesmo na manutenção de uma distância:

> Essa relação ela gera uma intimidade que você não tem com seu ginecologista, nem eu com o meu urologista. É uma intimidade psicológica, afetiva, quer dizer, você sentada aí e eu aqui sem se tocar, mas te tocando como pessoa e sendo tocado pela outra pessoa (Psicoterapeuta 1).

A distância que mantém essa assimetria, para Lévinas (1988b), não diz respeito a uma distância física, mas a uma distância ética de não poder se colocar no lugar do outro, pois não há reciprocidade. Assim, "[...] sou responsável por outrem sem esperar recíproca (que é assunto do outro)" (FREIRE, 2002, p. 57).

Para Schmid (2002, 2006a), o terapeuta não se coloca em uma posição à parte do cliente, em uma aproximação da postura de neutralidade durante os atendimentos, mas se coloca em relação com o cliente. Estar em relação com o cliente, para esse autor, é ter uma postura tanto de *estar com* o cliente (de buscar compreender e valorizar o cliente) como de *estar contra* (oferecendo uma resposta humana diferente e separada), em um frente-a-frente como acolhimento e confrontação, em um reconhecimento de que terapeuta e cliente são pessoas diferentes (MEARNS; SCHMID, 2006). Na experiência em que a terapeuta esquece do cliente, ela relata como inusitado sua reação frente a isso: "[...] o inusitado foi a maneira como eu pude lidar com isso" (Psicoterapeuta 3). Essa reação foi a de conversar com o cliente sobre como estava difícil atendê-lo, que ela não concordava com algumas coisas que ele falava e não havia conseguido falar sobre isso até então:

> Do jeito que ele colocava, não havia brecha pra gente discutir e que tava difícil pra mim, então foi bom ter acontecido isso e tal. Ele ficou muito espantado com isso, na verdade, eu também fiquei espantada com isso, de ter sido tão direta assim, tão direta... Não é franca, é direta. Dizer de mim, eu não disse dele, eu disse de mim, como era difícil pra mim tá com uma pessoa assim (Psicoterapeuta 3).

Nesse sentido, a escuta empática pode ser compreendida como estar em relação com o cliente no que ele sente e no que ele suscita no próprio terapeuta, sendo possibilidade de abertura, espaço não só de compreensão e acordo, mas de desacordo e não-compreensão, em que o terapeuta buscaria uma maior profundidade da relação com o cliente a partir dessas duas dimensões:

> Necessariamente se desconstruiu a imagem de poder e de especialista que eu poderia ter até então. Eu acho que a relação ficou mais próxima, que ele sabia que qualquer

coisa que eu sentisse a respeito dele eu iria dizer e que ele poderia dizer isso pra mim, em relação a mim (Psicoterapeuta 3).

Porém, a compreensão empática pode ser tomada também como mera captação dos sentimentos e valores do cliente, uma tentativa incessante de colocar-se no lugar dele (contrário à ética levinasiana), ainda que diante da impossibilidade de ser o cliente (ROGERS, 2008). O trecho abaixo traz essas duas possibilidades contraditórias quando define empatizar como estar com o outro no que ele sente e como captar[29] os sentimentos do cliente:

> [...] empatizar tem muito de eu me conectar com aquilo que o outro sente, não tentando sobrepor a minha ótica, a minha maneira de pensar e sentir, mas estar com o outro. O empatizar, pra mim, é isso. Eu conseguir me colocar no lugar do outro sem ser essa outra pessoa. É quando eu me sinto conectado, quando eu tô... É como se eu captasse esses sentimentos, os valores que a pessoa atribui aquilo que ela quis, a experiência dela e até mesmo me emocionar, me angustiar, mas também, ao mesmo tempo, tendo essa percepção de que são conteúdos dela, que não propriamente, embora me toque, não são meus. Então, pra mim, o empatizar é esse processo de conseguir acessar o outro o mais próximo possível da visão dele daquela vivência, pra mim, é isso (Psicoterapeuta 4).

Não posso nunca estar no lugar do outro, pois tenho com ele uma relação ética de assimetria e diacronia na qual, ao buscar me aproximar, ele já se foi, escapando das tentativas de compreensão como totalização (LÉVINAS, 1988b). Assim,

---

[29] Captar é tido no dicionário como trazer para si, apreender, entender. É uma palavra provinda do latim, tendo em sua etimologia aproximação com: tentar apreender, obter, conquistar (HOUAISS; VILLAR; FRANCO, 2009). A dimensão de posse presente nos significados possíveis nos remete a uma objetificação dos sentimentos do cliente, que são colocados como *algo* a ser conquistado, capturado.

o terapeuta, ao invés de buscar se colocar no lugar do cliente, reduzindo muitas vezes a experiência do cliente à sua, deve compreender a empatia como um "deixa(r)-se impactar pela diferença trazida pelo outro, deslocando-se de um lugar fixo" (VIEIRA; FREIRE, 2006, p. 430).

Em alguns discursos, o inusitado foi trazido como apenas uma surpresa inicial, algo novo que acontece pela primeira vez e o terapeuta se pergunta como agir, mas que não chega a trazer a dimensão de um impacto para o terapeuta, no sentido radical, de desalojamento (ADVÍNCULA, 2001), tal como a relação ética com a alteridade em sua radicalidade suscita.

Isso pode ser compreendido em reflexões realizadas pelos entrevistados, como no caso em que, em uma conversa informal logo após a entrevista, a terapeuta conclui que nunca havia tido uma experiência na clínica em que se sentisse tão afetada a ponto de ficar sem saber o que fazer, como veremos no seu relato exposto abaixo (cuja gravação foi retomada com a permissão da entrevistada), embora possa nos remeter a diversas outras possibilidades de interpretação:

> Acho que nunca alguma coisa me impactou a ponto de me travar, pode ter me surpreendido e vamos trabalhar com isso. No caso dessa cliente que incorporou, eu chamei pelo nome dela e não me respondeu pelo nome dela, aí eu me dei conta de que eu não tava dialogando com ela naquele momento, mas assim, não de travar, de "Ei, fulano", vai, chacoalha, bota um copo de água... Assim, é isso que tá diante de mim, é esse fenômeno que está diante de mim, eu vou trabalhar com esse fenômeno... Nada que me paralisou, impedindo de um trabalho, nesse sentido, não (Psicoterapeuta 5).

A tentativa de controle da vulnerabilidade do terapeuta por ele mesmo é uma forma de ensimesmamento, em que o profissional tenta fechar-se à externalidade, fugindo da sensação de vulnerabilidade, de estar sujeito ao outro e ameaçado de perder o controle. A busca por uma estabilidade nos atendimentos, impactando-se apenas em um primeiro momento ou tendo sempre experiências em certa medida controladas, denuncia uma surdez à exterioridade. No trecho abaixo, o terapeuta relata uma situação inusitada vivida com uma cliente que o convida a *ir pra cama*. Nessa experiência, o terapeuta considera que, no momento mesmo em que a cliente fez o convite, compreendeu o que de fato ela estava querendo:

> Um dia [a cliente] veio: "Ei, vem cá, você não acha que é melhor a gente ir pra cama que aí a gente fica mais perto e resolveria logo as minhas questões?". Eu nunca tinha escutado isso de maneira tão clara, mas eu acho que eu tava entendendo o que tava ocorrendo com ela... Por quê? O que é de fato que ela queria, quando eu escuto esse pedido dela? Ela queria uma proximidade maior, uma intimidade maior que eu diria mais psicológica do que física, até mesmo um desejo também de me submeter como ela submeteu os outros homens e como eu tentava compreender isso pra ela (Psicoterapeuta 1).

Nesse sentido de totalização da alteridade, deixar-se afetar durante o atendimento pode ser visto de forma contrária ao papel que deve ser desempenhado pelo terapeuta, pois o profissional deve ter uma escuta que privilegie a compreensão (no sentido de apreensão) do que está sendo trazido pelo cliente, facilitando a tomada de consciência como familiarização acerca do que o cliente ou ele próprio expressam nos atendimentos:

> Então eu fico sempre me perguntando o quê que a fala diz, o quê que essa fala me diz aqui e agora. Às vezes, de imediato, eu não tenho uma clareza, por isso o diá-

logo terapêutico, pra eu tentar entender o quê que ela tá querendo me comunicar, não só pra mim, mas principalmente pra ela (Psicoterapeuta 1).

4.1.3 A Responsabilidade do terapeuta perante Outrem

Segundo Freire (2002, p. 39), a proposta levinasiana implica no "[...] tratamento da subjetividade a partir da sensibilidade e da responsabilidade". O terapeuta, nessa perspectiva, tem sua sensibilidade e afetividade (ambas não intencionais) a serviço do cliente, colocando-se como responsável pelo e para o outro, acolhendo a expressividade do Rosto através de uma escuta (LÉVINAS, 1988a). A escuta e a forma de ser do terapeuta, a partir de uma atenção contínua ao que emerge da relação a serviço do cliente como *presença*, é o que Schmid (2006a) considera como congruência, uma atitude relacional de estar imediatamente presente para o cliente.

A congruência do terapeuta pode ser compreendida, ainda, como a necessidade de integração de sentimentos do profissional, diminuindo o espaço de abertura à afetação do terapeuta pelo cliente e rechaçando a vivência de sentimentos ou sensações conflituosas desse terapeuta durante o atendimento. A congruência, como estar familiarizado com tudo o que emergir na relação, aparece, assim, na fala abaixo, em que a terapeuta preocupa-se com os não ditos da relação:

> É claro que também o psicoterapeuta, ele vai ter que, é... Integrar isso que ele pode tá provocando, o inusitado [...] Os meus cuidados é de que não ocorram não ditos, que eu consiga compreender o que essa pessoa me toca, em qual local ela está tocando para estar junto dela ou até para eu falar assim: "Não, eu não dou conta de estar, eu

> não dou conta de estar com a pessoa. Isso que ela tá me trazendo me mobiliza de tal maneira nos meus conceitos, naquilo que eu acho que é certo e errado, que eu não dou conta de escutá-la", e aí eu vou chegar ao ponto de falar, assim: "Olha , não podemos continuar. Vou encaminhar para um outra pessoa", mas se eu não tentar integrar, eu nem consigo chegar a essa conclusão. Se eu não tentar entender em que isso me toca, eu não consigo chegar até mesmo a essa honestidade e chegar pra ela "Olha, eu não vou poder continuar te atendendo" (Psicoterapeuta 4).

A busca da vivência da congruência em um nível intrapessoal (o terapeuta consigo) ou interpessoal (o terapeuta com o cliente) pode ser compreendida como um estar sempre atento ao que surge na relação de forma a não permitir espaço para o estranhamento, para o não dito ou não compreendido. Existe até mesmo uma preocupação com relação às reações de surpresa do terapeuta diante da emergência da alteridade. Essas reações deveriam, nessa medida, serem clarificadas, dando a entender que o terapeuta não deve deixar nada escapar à sua compreensão (apreensão):

> Eu acho isso muito importante de trabalhar na Abordagem, alguma coisa como: "Nossa, me surpreendeu" ou "Me impactou isso que você está dizendo", de alguma forma acho que é importante da gente expressar porque o cliente tá percebendo, [...] se não ele pode se fechar. Tem que tá aberto pra acolher, a fisionomia diz muito. Tem que tá atento a essa questão da fisionomia, atento aos meus movimentos pra poder também dizer isso ao cliente (Psicoterapeuta 5).

Surgiu, também, nas entrevistas, uma preocupação do terapeuta em *apreender* o que o cliente estava trazendo para clarificar tais elementos para si e para o outro. O termo *apreender* pode ser compreendido no dicionário (HOUAISS; VILLAR; FRANCO, 2009, p. 165) como "fazer apreensão de; apanhar, pegar", o que nos remete à busca por controle e totalização dos elementos trazidos pelo cliente, transformando o estranho em familiar. Mas pode significar também "sentir grande preocupação, inquietar-se" (p. 165), levando-nos a uma noção de deixar-se afetar, inquietando-se com o que o cliente está trazendo, aproximando-se de uma postura de acolhimento ao estranhamento.

Para isso, ele busca *cessar as interferências do entorno*, deixando a maior clareza possível tanto no que se refere ao que lhe é comunicado pelo cliente (compreensão empática) como pelos seus sentimentos e estranhamentos que emergem na relação (congruência):

> Escutar, pra mim, é ter qualidade na escuta, é você afastar os seus juízos de valor, afastar esse ruído do entorno, dos padrões, do que deve e do que não deve ser feito, mesmo no que você acha que é melhor e tentar escutar o que a pessoa te traz, mesmo que seja uma coisa que você sinta por dentro: "Ai meu Deus, pra mim esse não é o melhor caminho". Eu achar... Eu achei e senti até medo dela fazer esse tipo de coisa, mas eu optei por ficar escutando ela e não deixando que isso interferisse, é mais ou menos por aí. É cessar um pouco essas interferências, não significa que eu não tenha sentimentos que é... Eu fiquei mobilizada em algum momento mais ou menos com aquilo, que bata às vezes nas minhas questões, mas é, eu conseguir colocar essas questões em segundo plano e estar ali com aquela pessoa, porque é ali que eu quero estar e eu acredito que é nessa relação que eu vou acrescentar a ela, então, pra mim, acredito que essa seja a qualidade (Psicoterapeuta 4).

Valendo-nos, inicialmente, do primeiro sentido apresentado para *apreender*, o estranho é visto como ameaça, algo incômodo, como um intruso que deve ser eliminado e que não pode interferir na relação, embora esteja ali de alguma forma. Os sentimentos, sensações e valores do terapeuta são muitas vezes considerados interferências prejudiciais à relação, trazendo a necessidade da aceitação positiva incondicional como uma forma de afastamento dos juízos e valores do terapeuta em prol do cliente: "[...] é eu entender que por mais estranho que possa ser o comportamento dessa pessoa [do cliente], tem uma razão de ser" (Psicoterapeuta 1).

As experiências e comportamentos do cliente são considerados apreensíveis, passíveis de serem explicados, ainda que pareçam estranhos, inicialmente, ao terapeuta. Ao profissional caberia não se deixar afetar pelo estranhamento trazido, apaziguando o que emerge de diferente na relação para que se dê a aceitação incondicional:

> Que é algo que ainda nos assusta [casos de suicídio] e eu tinha muito receio até que eu tive, por exemplo, essa cliente, que eu lembrei dela agora, e eu pude tá com ela nessa experiência, sem medo e sem receio dessa experiência, simplesmente estando com ela e explorando isso pra ela, não recuando da experiência, não querendo a convencer de nada, mas que ela pudesse se conectar com aquilo que ela tava dizendo (Psicoterapeuta 5).

A congruência, nesse sentido, aparece como uma forma de silenciar a alteridade, em que o terapeuta precisa manter uma familiaridade constante com o que surgir na relação terapêutica, não se permitindo impactar. Mas a congruência do terapeuta pode ser vista também como a possibilidade do terapeuta de colocar o cliente em primeiro plano e reconhecer seus próprios limites ao invés do alcance desmedido de um ideal de terapeuta a quem nada impacte. Assim, esse profissional busca *apreender* (no segundo sentido apresentado, de inquietar-se) uma escuta do estranho que emerge e não a manutenção de uma surdez ou negação da exterioridade. Essa escuta é perpassada por elementos éticos de responsabilidade e vulnerabilidade do terapeuta, tendo-se a primazia da alteridade:

> Eu sabia que é porque essa relação tava difícil pra mim. Então, eu entendi que essa foi a forma de eu lidar com a dificuldade pra apagá-lo da minha existência naquele dia. É como se eu dissesse: "Ai, o quê que hoje ele vai pegar no meu pé?". E foi muito bom, a gente esclareceu tanta coisa nessa sessão. Ele era muito engraçado, ele falou: "Ah, todo dia agora a gente vai ter que brigar porque foi tão bom e tal". E a partir daí essa sessão ficou sendo... Assim, as consequências pra relação terapêutica, ficou sendo o encontro mais importante que a gente teve porque a gente se referia a ele em vários momentos, tanto eu, quanto ele. A gente se referia da dificuldade de uma relação, a gente se referia do papel da mulher pra ele, na vida dele, a necessidade de ele massacrar a mulher e tal. Então essa sessão ficou sendo quase um exemplo pro processo, assim, uma referência, isso. Então as consequências foram a continuidade de uma relação que acho que mudou a qualidade da relação naquele momento (Psicoterapeuta 3).

A dificuldade em lidar com emergência da alteridade na relação terapêutica levou os discursos sobre experiências com o inusitado a acarretarem discussões a respeito dos erros e limites do terapeuta:

> Eu acho um erro tentar dimensionar [o sofrimento do cliente], tentar atropelar um tempo, não respeitar o tempo do outro, pode ser resolvido hoje como também pode requerer um tempo. Eu acho um erro também

> manter um cliente que não precisa mais. Tem gente que só tem um cliente pra ajudar a pagar o aluguel. O cara não precisa mais, vou ficar com ele pra quê? Acho um erro tornar a pessoa dependente de você [...] a psicoterapia é uma profissão solitária [...] o nosso objetivo é que a pessoa vá embora. Eu acho um erro prender, não reconhecer seus próprios limites [...] pra mandar pra outra pessoa... São erros que eu acho, erros sérios porque no dia a dia a gente vai errar muito... Acho que os erros imperdoáveis são esses aí. Agora errinhos bobos todos cometem. Mas o pessoal novo tem muito receio, a vontade de acertar é tanta que fica com medo de errar, mas você só acerta errando. Tem que errar primeiro pra saber o que é o certo (Psicoterapeuta 2).

O receio de errar do terapeuta, especialmente o iniciante, é tido nos discursos como algo que faz parte do processo de formação e da vida profissional do terapeuta. Porém, a necessidade de respeito e a anterioridade do cliente são reconhecidas quando apontadas como erros atividades que acarretam desrespeito ao cliente e a uma prática eticamente incoerente com os preceitos profissionais, como gozar com o sofrimento do cliente; mensurar diferentes níveis de sofrimento (considerar a partir de um parâmetro pessoal que o sofrimento provindo de determinadas situações é maior do que o de outras situações); atropelar o tempo do cliente; criar dependência no cliente da terapia.

As experiências de irrupção do inusitado que impactam o terapeuta trazem duas consequências possíveis: uma maior proximidade entre terapeuta e cliente, com uma mudança qualitativa na relação; ou a finalização dos atendimentos, seja pelo cliente, em que o terapeuta passa a considerar que cometeu algum erro, seja pelo terapeuta, por compreender que não conseguirá realizar atendimentos efetivos com aquele cliente específico:

[...] eu disse pra ele que eu havia pensado e que eu não me sentia preparada para atendê-lo, que eu pensei que outra pessoa, se ele queria que eu encaminhasse para outra pessoa que talvez pudesse atendê-lo. Ele não pediu grandes explicações, mas ele falou "Eu sabia que essa era uma possibilidade". Eu falei "Que bom" (Psicoterapeuta 3).

Ao se deparar constantemente com seus limites pessoais, o terapeuta é chamado a lidar com o *estranho de si*, além do cliente como outridade. Esse é o desafio da prática psicoterapêutica centrada na pessoa pensada a partir do acolhimento da radicalidade ética, o que exige grande disposição e disponibilidade do terapeuta para ir além de uma prática surda à alteridade que ignore o outro de si ou reduza as dimensões alteritárias provindas da relação com o cliente. Essas experiências de reconhecimento dos limites do terapeuta acarretam um crescimento pessoal e profissional do mesmo: "Eu não sei se é bem inusitado, não é aquela coisa, não é ter uma crise existencial, mas é uma coisa que... Que nos soma de uma outra forma" (Psicoterapeuta 5).

A vivência das atitudes facilitadoras (ROGERS, 2008) pelo terapeuta fortalece o ensurdecimento à alteridade quando é tomada como forma de manter o terapeuta em uma condição de harmonia com o que quer que aconteça nos atendimentos. Aqui, o terapeuta aparece como ideal de terapeuta (VIEIRA; FREIRE, 2006), sempre em busca da compreensão das coisas e afastando-se de tudo que traga a dimensão de conflito e desarmonia. Esse profissional tem como função trazer a harmonia, o idêntico, calar a outridade, quando, por exemplo, no trecho abaixo, é colocado como o profissional que tem como missão organizar o conflito:

E o sujeito que procura um psicólogo quer resolver alguma coisa que tá ruim ali, pessoas vão para o tera-

> peuta assim... Então o material básico da gente de trabalho é o sofrimento. Eu acho que é meio mórbido. [...] Como é paradoxal isso, para que eu trabalhe é preciso que haja sofrimento, que haja conflito, que haja desarrumação, que haja coisa ruim que faz sofrer. Só que eu preciso disso, mas por outro lado que bom que a gente existe com a missão de resolver isso, de organizar isso (Psicoterapeuta 2).

O conflito, o não saber-o-que-fazer do terapeuta, são elementos da condição humana de sujeição ao estranho, de vulnerabilidade, necessários ao estabelecimento de uma relação Ética. O estranhamento sempre irrompe e nos impacta, exigindo uma escuta como acolhimento: "[...] foi importante para que se assentasse em mim de que não era e não é necessário outras coisas na terapia que não uma escuta, um acolhimento e que isso esteja presente em uma relação, viver isso com os meus clientes" (Psicoterapeuta 5).

Porém, as atitudes facilitadoras também podem ser compreendidas como espaços possíveis de abertura à alteridade quando vivenciadas em prol de um acolhimento da exterioridade, do estranhamento, em que cabe ao terapeuta escutar o Outro que emerge na relação e não ignorá-lo. Nessa medida, o terapeuta deve estar preparado para ser surpreendido e deixar-se impactar por algo novo com os clientes (SCHMID, 2006a), tendo nos atendimentos um espaço não só de harmonia e familiarização, mas de encontro com o inusitado:

> [...] acho que isso que é o inusitado: você tá aberta a quaisquer questões e lidar com isso [...] o inusitado só pode ocorrer se você cria um espaço para ele, eu penso assim. Ele vai acontecer se você criar um espaço, um ambiente para isso enquanto terapeuta, permitir que aconteça o inusitado, seja ele qual for (Psicoterapeuta 5).

> Num certo sentido, eu sempre... Não é que eu me prepare, eu faço o possível. Eu sempre me abro para encontrar nesse encontro, que pode ser um cliente antigo, novo ou mais ou menos... Eu vou atender o meu cliente e me abro para o que é possível ser. Então, num certo sentido, não é que eu estou preparada para o inusitado, mas eu me sinto aberta para o inusitado (Psicoterapeuta 3).

Para uma relação ética, portanto, é preciso dar espaço, abertura, para a relação com outro como diferença. A ética radical não se dá por adesão, mas por anterioridade, por seu caráter pré-originário, que intima e exige resposta, ainda que possamos manter uma postura de fechamento (LÉVINAS, 1988a). Nesse sentido, ter uma postura ética em psicoterapia é conceber o cliente como enigma (MEARNS; SCHMID), evitando tal postura de fechamento.

4.2 As possibilidades de abertura à alteridade na ACP: a escuta ética da multiplicidade

Surgiram nos discursos alguns elementos que consideramos relevantes para uma discussão acerca da alteridade na ACP, embora não digam respeito diretamente à abertura à alteridade na relação terapêutica. Consideramos relevantes esses elementos por nos levarem à compreensão da teoria rogeriana e da psicoterapia como múltiplas de sentido, possibilitando uma discussão acerca da relação com a alteridade, com as diferenças provenientes dessa multiplicidade e da abertura ética a estas diferenças. Ainda assim, longe de esgotar as duas discussões aqui apresentadas, temos por intuito expô-las como apontamentos para serem desdobrados futuramente em outras pesquisas devido à complexidade das temáticas suscitadas e dos limites que configuram essa pesquisa.

4.2.1 Psicoterapia, uma prática de múltiplos sentidos

Nos discursos, foram trazidos diferentes espaços de atendimento clínico, como consultório privado e instituições governamentais (postos de saúde, serviços ambulatoriais) e não governamentais (instituição que trabalha com vítimas de violência). Surgiram, também, nas entrevistas, experiências e reflexões relacionadas a outros contextos de atuação profissional, como a sala de aula, o acompanhamento terapêutico e a área de psicologia do trabalho, que não serão abordados aqui. Restringir-nos-emos, nesse espaço, a realizar apontamentos para futuras pesquisas sobre atendimento clínico, focando a amplitude e multiplicidade das noções de psicoterapia.

No que se refere às instituições governamentais e não governamentais, apesar de o papel do psicólogo não se restringir à atuação clínica, ele exerce também essa atuação, tal como relatado na entrevista:

> [...] embora eu trabalhe numa instituição, num programa de cunho mais social a gente tem esse atendimento individual que tem esse olhar clínico, essa prática clínica, mas que não pode se restringir a ele. A gente trabalha numa equipe multidisciplinar então a gente não pode se restringir apenas ao atendimento clínico. Mas existe esse espaço lá de fazer esse trabalho (Psicoterapeuta 4).

A emergência dessa discussão nos levou a refletir sobre a pluralidade de psicoterapias possíveis, além da ampliação da noção de prática clínica, já reconhecida e estudada por autores contemporâneos (DUTRA, 2004; MOREIRA; ROMAGNOLI; NEVES, 2007) e, atrelado a isso, da alteração da concepção de psicoterapia.

Uma das entrevistadas nos trouxe novas formas de conceber a psicoterapia a partir da influência de sua experiência em plantão psicológico, apesar de diferenças no que se refere ao foco da psicoterapia onde ocorrem mudanças mais profundas da personalidade. Acerca da aproximação entre a psicoterapia e essa outra modalidade de atendimento clínico, ela afirma:

> Eu defendo a ideia de que a psicoterapia não tem diferença, por exemplo, de uma escuta do plantão psicológico, com começo, meio e fim. Eu não tenho garantia de que o cliente vá voltar na próxima sessão. Eu não faço um trabalho programado, embora tenha perspectiva diferente que os atendimentos, eles provocam uma reorganização da personalidade diferente do plantão psicológico, tá claro pra mim. A questão é que mesmo que tenha mudança da personalidade, eu tenho que tá aberto numa questão, não é a continuação da outra. Se eu não fiz uma intervenção sobre algo que o meu cliente tava dizendo numa sessão, eu não fiz e só vou ter a oportunidade de fazer quando ele trouxer aquela questão novamente. Eu sempre trabalho com o que é importante pra hoje, não que eu não possa fazer pontuações que às vezes passam por questões anteriores, coisas do tipo: "Parece me fazer sentido mais quando você abordava isso, isso... Você consegue se localizar? Ver dessa forma?" ou alguma coisa assim nesse sentido, mas não é uma obrigação, nem deve ser um dever você ficar resgatando a sessão anterior e quando a gente faz isso, a gente se abre pro inusitado acontecer, eu não tô programada [...] (Psicoterapeuta 5).

Para a Psicoterapeuta 5, cada sessão de atendimento psicoterapêutico é única e não possui a garantia de um próximo atendimento, precisando ter claramente um começo, meio e fim, além de uma atuação perspicaz do terapeuta focando o momento atual e evitando ficar preso a sessões anteriores. Isso permite, por exemplo, extrapolar o limite convencionado de cinquenta minutos em uma sessão, como ela nos relata:

> Essa questão [a angústia do cliente diante do resultado do exame de HIV] foi uma sessão, extrapolou o horário que a gente convencionaliza, que é 50 minutos, sei lá, foi uma sessão, pela necessidade dele, de uma hora e quinze, uma hora e vinte, mais ou menos, e eu estive com ele nesse medo, nesse pavor... Acho que é isso, é estar aberto pra isso, não é: "Então, vamos agora falar sobre isso que deixamos na semana passada", isso em terapia centrada não deve existir (Psicoterapeuta 5).

Neste sentido, passar por experiências em diferentes práticas clínicas, por exemplo, o plantão psicológico, tal como foi o caso da entrevistada, permite que o profissional construa uma dimensão diferenciada acerca da sua atuação clínica, reverberando mudanças na concepção de psicoterapia. Mas que dimensões diferenciadas seriam essas? E que reformulações a psicoterapia vem atualmente sofrendo a partir de experiências como a clínica em instituições, plantões psicológicos e atendimentos multidisciplinares, com a adoção da noção de clínica ampliada? Cury (1999), por exemplo, ilustra os ganhos da formação de estagiários-plantonistas (estudantes que estagiavam no plantão psicológico). Para ela, o estagiário

> [...] desenvolve uma compreensão mais abrangente da comunidade, amplia sua capacidade diagnóstica pela diversidade de casos atendidos num espaço de tempo relativamente curto, e aprende a estabelecer um contato emocional com os clientes a partir de uma escuta empática que precisa ocorrer de imediato. Também vivencia um processo de amadurecimento profissional que confere maior autonomia a sua prática clínica (CURY, 1999, p.128-129).

A multiplicidade de formatos e concepções de práticas clínicas no campo de trabalho do psicólogo se deu mediante a maior inserção desse profissional na saúde pública (CURY, 1993; DUTRA, 2004). Então, vem-se delineando uma nova concepção de clínica, aquém da psicoterapia, mas que acarreta, também, modificações teóricas e práticas no *setting* terapêutico. Essa outra psicoterapeuta realizou atendimento em espaços diferenciados, saindo da sala do consultório, a partir das necessidades específicas da relação estabelecida com aquele cliente:

> [...] para atendê-lo, eu precisava tomar alguns cuidados. Por exemplo, ele não queria e eu não queria o seu telefone nem o endereço dele porque ele estava sendo procurado. Nós não podíamos ter dia fixo, então eu tinha que aguardar ele me telefonar para saber quando era possível, dentro das minhas possibilidades. Eu dei mais ou menos os meus horários possíveis e assim combinamos. Nessa época, a instituição onde eu atendia [...] era em frente a uma igreja que eventualmente poderia ser... A segunda sessão eu atendi na igreja como se estivéssemos rezando, ajoelhados e atendendo [...]. Mas essa eu tentei a alternativa da igreja, do banco da praça, algumas alternativas (Psicoterapeuta 3).

Mais preocupado com a contextualização social do cliente, mais flexível diante das necessidades singulares dos atendimentos, seja em relação ao local de atendimento, seja à duração da sessão, a psicologia clínica vem passando por mudanças, incluindo aspectos de formação e, consequentemente, de atuação profissional. Parece-nos que aí emerge um profissional mais voltado para as vicissitudes dos clientes, mais aberto ao acolhimento das necessidades singulares, aproximando-se da noção de responsabilidade levinasiana, de terser-pelo-e-para-o-outro, tendo-se como Outro o cliente. Outra compreensão de psicoterapia que surgiu nos discursos, e que se difere da noção trazida pela Psicoterapeuta 2, sendo mais tradicional, é a concepção de uma psicoterapia processual, com foco no diálogo terapêutico, estabelecido gradativamente ao longo dos atendimentos.

Apareceram, também, outras divergências sobre a noção de psicoterapia, como uma maior ou menor implicação do terapeuta nas sessões, tendo o foco mais voltado para a relação, com maior expressividade do terapeuta, ou mais direcionado ao cliente, em que o terapeuta coloca-se de forma pessoal o mínimo possível na relação. A respeito dessa divergência, a entrevistada comenta a partir de seu ponto de vista mais relacional:

> As pessoas confundem esse *centrado na pessoa do cliente* como sendo algo que você tem que ir só pelo percurso dele [...] ali vale no momento da relação que a gente tá caminhando junto. Se eu tô contigo numa estrada e estamos caminhando juntos, a gente pode negociar, de repente eu posso dizer: "Ô Silvia...", Silvia só tá vendo aquela direção, mas eu também tô percebendo outra, então: "Silvia, o quê que tu acha da gente ir por aqui?". Se ela disser não de todo jeito a gente não vai não, mas se ela pensar na possibilidade, a gente vai e depois a gente volta, mas eu não fico nessa coisa de caminhar só no discurso dele [do cliente]. Eu caminho no discurso que vai surgir no momento em que eu estou com ele (Psicoterapeuta 2).

Outra diferença que surgiu entre os terapeutas foi quanto à suficiência das atitudes facilitadoras. Embasadas por sua prática, cada uma, as Psicoterapeutas 2 e 5, chegou a conclusões diferenciadas a respeito dessa questão. Para a Psicoterapeuta 2, essas atitudes não têm aparecido em sua prática como suficientes, haja vista a necessidade de lançar mão de outros recursos a partir de cada caso trazido:

> Eu questiono essas coisas, questiono a não suficiência das atitudes, a minha prática tem mostrado, não é suficiente. Elas são necessárias, importantíssimas, ô como são, mas na minha concepção, não são suficientes (Psicoterapeuta 2).

Já a psicoterapeuta 5 trouxe em seu discurso a experiência na qual teve de aplicar uma técnica de relaxamento em uma cliente que era muito ansiosa. Ao fazer isso, a cliente dormiu todo o horário do atendimento e ela, refletindo, percebeu que o uso da técnica havia partido de uma necessidade sua de cessar a ansiedade da cliente, sendo desnecessária por impossibilitar a relação de acontecer:

> Eu acho que eu tive, talvez, nesse momento, a necessidade de experienciar se era ou não facilitador, se as atitudes eram necessárias e suficientes ou se só necessárias, mas não suficientes. E essa experiência foi muito legal pra mim [de aplicar uma técnica de relaxamento na cliente], do inusitado, porque ela dormiu e que bom que ela dormiu, que eu pude fazer essas reflexões. E a partir desse momento começa a fazer todo o sentido pra mim, enquanto terapeuta, as atitudes necessárias e suficientes. Eu me dei conta de que eu não precisava de nada mais, assim, essa técnica que eu levei como um algo a mais pra essa relação, quer dizer, eu impossibilitei uma relação de acontecer, mas isso foi legal, foi inusitado (Psicoterapeuta 5).

Essas diferenças nos remetem a uma multiplicidade de compreensões e, consequentemente, de práticas em psicoterapia, quer esta se dê em um consultório privado ou em instituições outras, e ainda que compartilhem de uma mesma

Abordagem. É necessário que essas diferenças sejam escutadas eticamente, no sentido, de serem reconhecidas e aprofundadas.

Desta forma, cabe a nós, nessa pesquisa, mais do que discorrer sobre esse tema apresentando respostas, apontar indagações, rastros que possam acarretar futuros estudos e o desenvolvimento do conhecimento acerca das diversas práticas clínicas existentes no cenário contemporâneo e reverberações dessa multiplicidade na formação profissional do psicólogo clínico.

4.2.2 Identidade e multiplicidade de perspectivas da ACP

Para participar da pesquisa, um dos critérios elencados foi o profissional considerar que atua embasado na ACP. Tal critério não se deu de forma tão simples como pensado inicialmente, visto os questionamentos gerados por uma das entrevistadas frente à sua indecisão quanto a se considerar ou não dessa Abordagem: "Passei por um momento que até hoje eu digo 'Será que é ACP mesmo o que eu faço?'" (Psicoterapeuta 2).

Tal indecisão se deu por ela considerar seus posicionamentos diferenciados dos parâmetros mais tradicionais da ACP em questões teóricas e práticas. A incerteza dessa participante, seu sentimento de não pertencimento à Abordagem mesclado, ao mesmo tempo, com a identificação com a teoria, levaram-nos a questionar a identidade dos *centrados na pessoa*. Moreira (2010) nos traz a dimensão das múltiplas vertentes que constituem uma nova fase de pensamento da Abordagem, a fase neo-rogeriana, contando com uma variada gama de teorias contemporâneas que se denominam da Abordagem ou vinculadas a essa e que seguiram diferentes caminhos. Uma das entrevistadas se refere a esses diferentes caminhos traçados na ACP:

> [...] eu acho que a gente já tá indo além do que o Rogers foi, ele foi até onde ele pode ir. [...] ele [Rogers] apontou a rota e a gente pegou a rota e a gente encontrou diversas bifurcações pelo caminho que fez com que a gente olhasse pra essas bifurcações e pensasse na possibilidade, que antes a gente tinha um ponto de partida. Eu acho que o ponto de partida é as atitudes e só nela existe enquanto perspectiva, que ACP não é teoria, mas na perspectiva teórica que embasa a ACP as atitudes são muito fortes, são pontos de partida. Mas eu posso fazer esse caminho aportando em diversos portos, olhando em bifurcações, indo lá e voltando, desde que eu não abandone esse... Saber de onde eu vim (Psicoterapeuta 2).

São esses diferentes caminhos, traçados há mais de 20 anos, após a morte de Rogers, que Moreira (2010b) busca elucidar por entender que constituem o desenvolvimento da Abordagem, com a finalidade de que possamos compreender a complexidade constitutiva da Abordagem Centrada na Pessoa, que hoje requer de nós que adentremos tais caminhos e os reconheçamos.

Há a necessidade de uma abertura à alteridade, de acolhimento às diferenças, provindas dessas diversas vertentes vinculadas à Abordagem, abrindo-se mão de uma postura de pretensa verdade acerca do *querer-dizer* rogeriano, em que se pleitearia o lugar de verdade unívoca, fechando-se à possibilidade da multiplicidade de sentidos dos escritos rogerianos. Há a necessidade de nos deixarmos afetar por essas várias possibilidades provindas do discurso rogeriano, nos distanciando de uma compreensão dessas vertentes que busque a familiarização, a transformação do diferente em semelhante, aniquilando a dimensão de alteridade radical, de outro absoluto e irredutível (LÉVINAS, 1988b).

O risco de aniquilamento da outridade, nesse caso, dar-se-ia diante de uma relativização das diferenças, do alargamento das semelhanças entre essas várias vertentes, ou ainda de um conhecimento das diferenças para rechaçá-las. É importante o reconhecimento das aproximações e divergências das vertentes e interpretações diferenciadas dos escritos rogerianos em que se dê o acolhimento (LÉVINAS, 1988b) da alteridade (do que não sou eu, do que é diferente do que penso) por considerarmos, assim como Moreira (2010b, p. 543), que "ignorar a pluralidade e as diferenças seria perder-se da proposta original do próprio Rogers", haja vista a afirmação deste em sua última visita ao Brasil, em 1985, segundo Moreira (2010b), de que ele próprio não era rogeriano. Tal afirmação nos remete à questão da multiplicidade diante de uma possível identidade nessa Abordagem.

Para a entrevistada, existe, na própria Abordagem, a necessidade de o profissional encontrar o seu *jeito de ser* singular, tal como nos remete a ideia de Rogers afirmar que ele mesmo não estaria preso ao que já escreveu, não se enquadrando em uma identidade fixa a ser seguida, a de *rogeriano*. Segundo a Psicoterapeuta 2, à medida que incorporamos alguns preceitos da teoria (as atitudes facilitadoras, por exemplo), nos sentimos mais livres para explorar outros aspectos relevantes para nosso percurso pessoal, o que nos leva a uma atuação profissional condizente com nossa singularidade, o *jeitinho* de ser de cada um:

> Acho que Rogers não queria que a gente ficasse preso a padrões, ele queria que a gente encontrasse o jeito

> da gente de ser, então, quanto mais eu respeito esse meu jeito de ser, mas eu tô respeitando os princípios da ACP. Agora não sei se esse meu jeito de ser, de fazer, o nome Centrada na Pessoa, caiba, porque eu acho que termina sendo dissidente do que o próprio Rogers fazia, mas ao mesmo tempo ele dizia "Você vai encontrar o seu próprio jeito de ser"... Então, é um nó, é um... Meio paradoxo ainda (Psicoterapeuta 2).

Cury (1993, p. 243-244) traz a dimensão pessoal do terapeuta como essencial em uma atuação desta abordagem, pois, "[...] o estilo pessoal do terapeuta pode e deve ser valorizado e ampliado, de forma a transformar sua criatividade pessoal em um recurso terapêutico". O espaço da singularidade do terapeuta, do seu jeito de ser na Abordagem, traz para esse viés uma dimensão de liberdade profissional: "Nesse sentido eu sou realmente da ACP [...] É a única instituição que eu sinto que eu tenho liberdade pra ser o que eu quiser ser, na hora que eu quiser ser, do jeito que eu quiser ser e isso me atrai" (Psicoterapeuta 2).

A liberdade proporcionada por essa Abordagem também foi trazida por outro entrevistado como característica relevante na escolha deste aporte para sua prática:

> E me identifiquei muito, principalmente com a ideia da liberdade, não me agrada nada que me prenda, daí eu acho que a Abordagem exige muito do terapeuta, da pessoa dele, e permite uma criatividade muito grande também por parte do terapeuta (Psicoterapeuta 1).

Essa liberdade amplia as possibilidades de se estar com o cliente, o que exige ainda mais do profissional em termos de flexibilidade, abertura ao seu próprio processo experiencial (com seus limites e potencialidades) e responsabilidade. A formação profissional ganha destaque aqui, com a necessidade de um aprendizado pautado não apenas em assimilações teóricas e técnicas, mas no desenvolvimento emocional do terapeuta, diante da importância do papel da afetividade e da intuição em seu trabalho (CURY, 1993; SCHMID, 2006a), viabilizando uma ética para além de regras estabelecidas (BIRRELL, 2006), pautada na *afectação* desse profissional pela via da sensibilidade (FREIRE, 2002).

Tal liberdade abrange ainda mais as possibilidades de práticas possíveis, complexificando a compreensão do que seria ou não uma prática condizente com a Abordagem. Ainda que não tenhamos a intenção da busca de uma identidade unívoca e rígida, consideramos importantes as reflexões acerca do que caracterizaria uma prática nessa Abordagem. Buscamos escapar do que Figueiredo (2008) denuncia como posturas de defesa de angústia que bloqueiam o acesso à experiência, ou seja, o ecletismo e o dogmatismo. Ainda que aparentemente contraditórias, tais posturas, comumente adotadas diante da complexidade e dispersão do espaço psicológico, recaem, segundo esse autor, no mesmo fechamento à alteridade que seria experimentado diante de uma postura de abertura à experiência.

Trazendo essa discussão geral das psicologias para a multiplicidade de vertentes que se consideram da Abordagem Centrada ou vinculadas a esta, a ausência de discussões acerca das divergências e semelhanças dessas vertentes apenas mascara a complexidade dessas configurações. A ausência de reflexões sobre o que é uma prática dessa Abordagem nos faz recair facilmente na superficialidade de posturas dogmáticas, fixando-nos em um formato rígido, nos fechando a uma determinada vertente como a mais verdadeira, ou eclético, tendo, pela liberdade dada ao terapeuta, que qualquer formato de atuação exercida seja considerado da Abordagem, sem nenhuma preocupação quanto à clarificação de aspectos teóricos, metodológicos e éticos que perpassem tal prática.

Para Lévinas (1988b), a espontaneidade do eu é impugnada pela existência do *Outro*, sendo a responsabilidade-pelo-e-para-o-outro anterior a qualquer questão sobre o Ser, como a liberdade, por exemplo. Trazemos, assim, o cliente enquanto *Outro*, alteridade irredutível, em que a responsabilidade ética por ele, ou seja, a preocupação como bondade, deve ser primeira, impedindo que a liberdade do terapeuta alcance expressões que neguem ou aniquilem outrem. Mas, contraditoriamente, essa liberdade pode dizer respeito também a uma maior abertura e acolhimento da outridade, com menor rigidez no formato dos atendimentos e a ampliação de configurações específicas diante das necessidades singulares de cada cliente, de cada relação terapeuta-cliente estabelecida.

Longe de ser uma questão finalizada e resolvida, percebemos que estas indagações fazem parte do panorama atual da Abordagem, pelo menos no Brasil, tendo uma dimensão coletiva. Durante o Fórum, tivemos a oportunidade de participar de rodas de conversa intituladas "Qual o futuro da ACP nos próximos anos?", nas quais profissionais de diferentes ramificações teóricas e epistemológicas puderam pensar juntos quanto ao futuro da Abordagem, a partir da pluralidade de posturas e conceitos, versando sobre a existência de diferentes vertentes e indagando acerca dessa identidade ("O que nos une?", "O que nos diferencia?").

Foi um momento marcante no qual, apesar de algumas concepções claramente conflitantes, pôde-se estabelecer um clima de diálogo e enriquecimento na compreensão desta problemática que, se não de recente emergência, com certeza está presente de forma expressiva no intrigante cenário contemporâneo da Abordagem. Com isso, apontamos essa temática da identidade plural da ACP, para futuros estudos, visando uma maior sistematização das diferenças e semelhanças advindas desses discursos múltiplos. Em oposição às posturas de dogmatismo ou ecletismo já explicitadas, defendemos a criação de mais espaços para aprofundamento dessa temática que sejam representativos dessa multiplicidade e permeados por uma postura de abertura à alteridade absoluta desses discursos e práticas, com a impossibilidade de aniquilamento dessas diferenças.

CONSIDERAÇÕES FINAIS

Este livro surgiu do interesse de estudar o outro como *não-eu* na psicoterapia, mais especificamente na psicoterapia embasada pela Abordagem Centrada na Pessoa. Em nossa experiência na prática clínica, nos deparamos com a dificuldade de responder ao estranhamento trazido no aqui e agora da relação terapêutica. A solidão em que nos encontramos nos momentos de atendimento, ainda que embasados em supervisão e psicoterapia individual, nos fez indagar acerca dos parâmetros para a tomada de decisões no *setting* a partir da dimensão ética na psicoterapia, tendo por embasamento a Ética radical de Emmanuel Lévinas.

No primeiro capítulo desse estudo, pudemos conhecer a Ética levinasiana e suas reverberações na compreensão da alteridade como o *não-eu* na psicologia, aproximando-nos da prática que é foco em nosso estudo, a Psicoterapia. Em um segundo momento, definimos a Psicoterapia Centrada na Pessoa, focando a relação terapêutica instituída nessa proposta psicoterápica, passando pelos desdobramentos do pensamento rogeriano nas fases não-diretiva, reflexiva e experiencial. Ainda nesse segundo capítulo, buscamos compreender a relação terapêutica como espaço de emergência de alteridade, refletindo sobre a alteridade como estranhamento nessa atuação. Alcançamos, assim, uma aproximação com a filosofia levinasiana a partir de estudos realizados nessa intersecção entre a Ética levinasiana e a Abordagem Centrada na Pessoa.

Em seguida, apresentamos como se construíram nossas indagações, culminando com o objetivo de analisar as possibilidades de abertura à alteridade radical em discursos de psicoterapeutas centrados na pessoa acerca de sua prática clínica. O delineamento metodológico desse estudo contou com uma proposta inspirada na hermenêutica filosófica derridiana. Aderindo a essa proposta, pudemos nos aproximar dos rastros da alteridade radical nos discursos, desprendendo-nos de uma essência ou verdade presente nas falas, o que nos permitiu ir para além de um *querer-dizer* dos entrevistados e de um julgamento da ética dos psicoterapeutas pelo viés levinasiano.

Nesta medida, o capítulo de análise nos trouxe a emergência da alteridade na relação terapêutica a partir dos discursos como comportamentos e fenômenos que irrompem na relação e causam surpresa e estranhamento, acarretando em um momento de aproximação, de maior intimidade, na relação entre terapeuta e cliente. Esses momentos geram desestabilização e sofrimento para o terapeuta, que sente seu lugar de especialista abalado, podendo acarretar em uma melhora qualitativa na relação ou no seu término. Mesmo em uma Abordagem que passou em seu histórico, como percebemos acompanhando as suas fases, por uma desconstrução do papel do terapeuta como especialista, essa diferença de papéis parece ser intrínseca à relação terapeuta-cliente, como afirmou Buber em sua recusa de considerar a relação terapêutica tal qual uma relação Eu-Tu instituída nas relações humanas sem papéis definidos. Chega-nos como essencial discutir em estudos posteriores esse processo de afastamento da figura do terapeuta como especialista, o que nos parece ser também um processo pessoal de cada terapeuta e que tem como limite a própria configuração da relação terapêutica.

Longe de estarmos apontando em direção a uma desconfiguração da relação terapêutica como uma relação profissional, na qual o terapeuta tem uma função e um objetivo a cumprir, queremos incitar muito mais uma discussão sobre qual seria essa função e seus objetivos. Para nós, o papel do terapeuta está balizado pela responsabilidade para e pelo cliente, em uma relação de escuta e acolhimento ao estranhamento.

Na desconstrução dos discursos, pudemos nos aproximar de possíveis espaços de abertura à alteridade na relação terapêutica, discorrendo sobre sua vulnerabilidade e responsabilidade frente ao inusitado. Surgiram como espaços de abertura, por exemplo: a não generalização em teorias ou experiências anteriores ou expectativa do terapeuta acerca do cliente e seu processo; as atitudes facilitadoras como possibilitadoras do terapeuta *estar com* o cliente (por exemplo, quando está com a pessoa em seu sofrimento, sem buscar simplesmente diminuí-lo ou saná-lo, quando entra junto e sai junto do delírio do cliente) e *estar contra* o cliente (quando o terapeuta expressa seus sentimentos acerca da relação que podem ser, inclusive, negativos); o reconhecimento ético do *Terceiro*, ampliando a noção de relação como Eu-Tu, estando sempre presente também o social; o reconhecimento do *Outro de si* do próprio terapeuta e o *Outro de si* do cliente, como acolhimento da pluralidade do *self*; disponibilidade para e pelo cliente diante da aceitação de *não-saber* nos atendimentos; ausência de tentativas de controle no ambiente terapêutico; desprendimento de suas verdades e pré-conceitos; compreensão das falas que emergem na relação como *dizer*, desencadeadoras de novos sentidos; permitir-se à utilização da sensibilidade e intuição nos atendimentos; a não objetificação do cliente; e a apreciação do cliente como enigma.

A intuição do terapeuta nos pareceu essencial para o posicionamento ético do profissional nesses momentos que são guiados muito mais pela sensibilidade do terapeuta do que pela racionalização acerca do acontecido. O inusitado aparece como a irrupção do Outro levinasiano, que exige resposta como escuta e acolhimento éticos do estranhamento, o que se afasta de uma redução da alteridade a algo familiar.

O inusitado surgiu em alguns discursos como a configuração de imagens mentais e o compartilhamento corporal de sensações e sentimentos com o cliente. Experiências como essas são pouco elucidadas e estudadas no meio acadêmico por serem consideradas não científicas e denotarem angústia nos membros da academia ávidos pela produção do conhecimento como uma verdade pautada em resquícios positivistas das ciências naturais, sob o risco de perderem ainda mais o *status* científico da psicologia. Ainda que exista, dentro da própria Abordagem, como nos escritos, por exemplo, de Rogers (1983) e Cury (1993), o reconhecimento de experiências mais intuitivas, parece que vivemos continuamente na academia o dilema rogeriano de quanto mais científico, menos terapeutas e vice-versa.

Essas experiências, que nos remetem a formas de comunicação ou vias de linguagem para além da via verbal (imagens mentais, sensações repentinas relacionadas ao cliente, dentre outras), são relatadas comumente em espaços da prática (supervisão, eventos, conversas informais), encontrando fortes resistências no meio acadêmico, silenciando a discussão dessa temática e ampliando ainda mais o abismo entre teoria e prática. Isso acaba por fortalecer a construção de uma teoria, de uma ciência surda à exterioridade, à afetação provinda da prática, e de uma prática sem embasamentos teóricos sólidos. Indo um pouco mais além, podemos, ainda, levar essa discussão para as dificuldades sentidas na formação de psicólogos, que hoje parece ser vivida em duas etapas, ainda que já tenha diminuído essa separação: os conhecimentos acadêmicos e os cursos e formações em institutos e centros, trazendo a dimensão mais prática da atuação.

Essa questão, da qual esse tipo de experiência é apenas um exemplo, nos exige resposta, e pensamos que a filosofia levinasiana pode ser uma via de resposta a tais indagações, uma vez que nos traz a dimensão do não apreensível e nos remete muito mais à sensibilidade para lidar como estranhamento do que à busca por uma compreensão racional que necrosaria a *coisa viva* e transmutaria o estranho em familiar. Apontamos, com isso, a necessidade de estudos que aprofundem essa temática, bem como outras questões que surjam da prática clínica, ainda que causem estranhamento em nossa forma de conceber o conhecimento.

Quanto à sensibilidade, intuição e criatividade do terapeuta, vistas como ferramentas fundamentais no exercício da clínica, podem ser compreendidas de forma mais aprofundada em futuros estudos, a partir de metodologias que permitam alcançar essas experiências sem tomá-las como conhecimentos totalizantes e reducionistas. Esses estudos podem nos permitir um reconhecimento mais acurado que fundamente a formação desse profissional, pautada no desenvolvimento dessas habilidades pessoais. Podemos elencar, inicialmente, a psicoterapia pessoal do terapeuta e o contato com recursos expressivos em formações extra-acadêmicas em centros e institutos como espaços profícuos de desenvolvimento pessoal do profissional.

Concluímos com esse estudo que pode ser possível criar espaços para a alteridade radical na relação terapêutica proporcionada pela Psicoterapia Centrada na Pessoa sendo contudo necessário ir em direção a uma Ética primeira que tencione a forma ocidental tradicional de se pensar certos conceitos e preceitos.

Nosso estudo apontou ainda para uma relação entre os momentos em que os terapeutas consideram estarem vivendo experiências com o inusitado com momentos vistos pelos terapeutas como significativamente terapêuticos para o cliente em questão, o que merece estudos posteriores.

Com todos os percalços vividos na elaboração desse estudo pensamos ser importante a produção de novos textos e desdobramentos múltiplos acerca do saber psicológico, sua prática e pesquisa.

REFERÊNCIAS

ABBAGNANO, N. **Dicionário de filosofia**. 2 ed. São Paulo: Martins Fontes, 1998.

ADVÍNCULA, I. F. **Experiências desalojadoras do eu e escuta clínica**. 2001. Dissertação (Mestrado em Psicologia Clínica) – Universidade Católica de Pernambuco, Recife, 2001.

AMATUZZI, M. **O Resgate da Fala Autêntica**: filosofia da psicoterapia e da educação. Campinas: Papirus, 1989.

_____. A subjetividade e a sua pesquisa. **Memorandum**, Belo Horizonte; Ribeirão Preto, v.10, p. 93-97, abr. 2006. Disponível em: <http://www.fafich.ufmg.br/~memorandum/a10/amatuzzi03.pdf >. Acesso em: 2 nov. 2010.

_____. **Rogers**: ética humanista e psicoterapia. Campinas, SP: Editora Alínia, 2010.

ARAÚJO, I. C. **A Incidência de Valores na Teoria da Clínica Rogeriana**. 2011. Monografia (Conclusão do curso de Psicologia) – Universidade Federal do Ceará, Fortaleza, 2011.

BANDEIRA, E.; CHAVES, T. Rogers no Brasil. *In*: FÓRUM BRASILEIRO DA ABORDAGEM CENTRADA NA PESSOA, IX, 2011, Ilha do Marajó/Pará. **Anais...** CD-ROM.

BARBOSA, A. S. **Significado do fracasso em psicoterapia**: estudo fenomenológico com psicoterapeutas humanistas. 2002. Dissertação (Mestrado em Psicologia) – Universidade de Fortaleza, Fortaleza, 2002.

BIRRELL, P. J. An Ethic of Possibility: Relationship, Risk and Presence. **Ethics & Behavior**, [S.l.], v.16, n. 2, p. 95-115, Jan., 2006. Disponível em: <http://www.tandfonline.com/doi/abs/10.1207/s15327019eb1602_2>. Acesso em: 23 dez. 2011.

BOSI, M. L. M.; CARVALHO, L. B.; FREIRE, J. C. Alteridade radical: implicações para o cuidado em saúde. **Physis Revista de Saúde Coletiva**, Rio de Janeiro, v.19, n. 3, p. 849-865, 2009. Disponível em: < http://www.scielo.br/scielo.php?script=sci_arttext&pid=S0103-73312009000300017&lng=en&nrm=iso >. Acesso em: 9 abr. 2010.

BOWEN, M. Psicoterapia: o processo, o terapeuta, a aprendizagem. In: SANTOS, A.; ROGERS, C; BOWEN, M. **Quando fala o coração**: a essência da psicoterapia centrada na pessoa. Porto Alegre: Artes Médicas, 1987.

BRANCO, P. C. C. Organismo: Tendência Atualizante e Tendência Formativa no Fluxo da Vida. *In:* CAVALCANTE JÚNIOR, F. S.; SOUSA, A. F. **Humanismo de Funcionamento Pleno:** Tendência Formativa na Abordagem Centrada na Pessoa – ACP. Campinas: Ed. Alínea, 2008.

COELHO JUNIOR, N. E. Da fenomenologia à ética como filosofia primeira: notas sobre a noção de alteridade no pensamento de Emmanuel Lévinas. **Estudos e Pesquisas em Psicologia UERJ**, Rio de Janeiro, v. 8, n. 2, p. 213-223, 2008. Disponível em: <http://pepsic.bvsalud.org/scielo.php?pid=S1808-42812008000200007&script=sci_arttext>. Acesso em: 8 nov. 2010.

COELHO JUNIOR, N. E.; FIGUEIREDO, L. C. Figuras da intersubjetividade na constituição subjetiva: dimensões da alteridade. **Interações**, São Paulo, v. IX, n. 17, p. 9-28, jan./jun. 2004. Disponível em: < http://pepsic.bvsalud.org/scielo.php?pid=S1413-29072004000100002&script=sci_arttext >. Acesso em: 13 mai. 2011.

COSTA, A. B. Desconstrução e navalha: Sobre Jacques Derrida e Guilherme de Ockham. **DISSETATIO**, Pelotas, n. 17-18, p. 27-73, 2003. Disponível em: <http://www.ufpel.edu.br/isp/dissertatio/revistas/antigas/dissertatio17-18.pdf >. Acesso em: 11 jan. 2012.

CURY, V. E. **Psicoterapia Centrada na Pessoa:** Evoluções das Formulações sobre a Relação Terapeuta-Cliente. 1987. Dissertação (Mestrado em Psicologia) – Universidade de São Paulo, São Paulo, 1987.

_____. **Abordagem Centrada na Pessoa:** um estudo sobre as implicações dos trabalhos com grupos intensivos para a terapia centrada no cliente. 1993. Tese (Doutor em Saúde Mental) – Universidade de Campinas, Campinas, 1993.

_____. Plantão psicológico em clínica-escola. In: MAHFOUD, M. (Org.). **Plantão psicológico**: novos horizontes. São Paulo: Companhia Ilimitada, 1999.

DARDEAU, D. Jacques Derrida: da linguagem à escritura, da escritura como transbordamento. **Ensaios filosóficos,** v.3, p. 54 – 62, abr. 2011. Disponível em: <http://www.ensaiosfilosoficos.com.br/Artigos/Artigo3/Denise_Dardeau.pdf> Acesso em: 16 jan. 2012.

DARTIGUES, A. Uma conversão à ética. In: _____. **O que é fenomenologia?** 3. ed. São Paulo: 1992.

DERRIDA, J. **Margens da filosofia**. Campinas, SP: Papirus, 1991.

_____. **Adeus a Emmanuel Lévinas**. São Paulo: Perspectiva, 2004.

_____. **A escritura e a diferença**. São Paulo: Perspectiva, 2009.

DIÁLOGO entre Carl Rogers e Martin Buber. **Rev. abordagem gestalt.**, Goiânia, v. 14, n. 2, dez. 2008 Disponível em: <http://pepsic.bvsalud.org/scielo.php?script=sci_arttext&pid=S1809-68672008000200012&lng=pt&nrm=iso>. Acessado em 30/08/2010.

DOUGLAS, H. The idea of a possibility. **European Journal of Psychotherapy, Counselling and Health**, [S.l.] ,v. 7, n. 1-2, p. 89-95, Mar/June, 2005. Disponível em: <http://www.tandfonline.com/doi/pdf/10.1080/13642530500126241>. Acesso em: 11 nov. 2011.

DUTRA, E. Considerações sobre as significações da psicologia clínica na contemporaneidade. **Estudos de Psicologia**, Natal, v. 9, n. 2, p. 381-387, 2004. Disponível em: <http://www.scielo.br/scielo.php?script=sci_arttext&pid=S1413-294X2004000200021> Acesso em: 13 abr. 2011.

EVANS, R. I. **Carl Rogers:** o homem e suas idéias. São Paulo: Martins Fontes, 1979.

FIGUEIREDO, L.C. **Revistando as psicologias:** da epistemologia à ética das práticas e discursos psicológicos. Petrópolis, RJ: Vozes, 2008.

FREIRE, J. C. A ética da psicologia centrada na pessoa. **Revista de Psicologia**, Volume 5, Número 1: Fortaleza, 1987

FREIRE, J. C. **A ética na abordagem centrada na pessoa em Carl Rogers** (1989) Dissertação (Mestrado em Educação) – Universidade Federal do Ceará, Fortaleza, 1989.

_____. **As psicologias na modernidade tardia**: O lugar vacante do outro. 2000.

Tese (Doutorado em Psicologia) - Universidade de São Paulo, São Paulo, 2000.

_____. As psicologias na modernidade tardia: o lugar vacante do outro. **Psicologia USP**, v. 12, n. 2, p. 73-94, 2001.

_____. **O lugar do outro na modernidade tardia**. São Paulo: Annablume; Fortaleza, Secult: 2002.

_____. A psicologia a serviço do outro: ética e cidadania na prática psicológica. **Psicologia Ciência e Profissão**, v. 23, n. 4, p. 12-15, 2003. Disponível em: <http://pepsic.bvsalud.org/pdf/pcp/v23n4/v23n4a03.pdf>. Acesso em:11 nov. 2011.

FREIRE, J. C.; MOREIRA, V. Psicopatologia e religiosidade no lugar do outro: uma escuta levinasiana. **Psicologia em Estudo**, Maringá, v. 8, n. 2, p. 93-98, 2003. Disponível em: <http://www.scielo.br/pdf/pe/v8n2/v8n2a09.pdf>. Acesso em: 12 nov. 2010.

FREIRE, J. C.; MOREIRA, V. Depressão: uma desordem dos afetos ou a ordem dos desafetos? *In*: MOREIRA, V. **Clínica humanista-fenomenológica**: estudos em psicoterapia e psicopatologia crítica. São Paulo: Annablume, 2009.

FREIRE, J C.; RAMALHO, R. de Q. A alteridade em canções de Chico Buarque de Hollanda: uma leitura desconstrucionista. **Estudos e Pesquisa em Psicologia**, Rio de Janeiro, v.11, n. 2, p. 676-679, 2011. Disponível em: <http://www.revispsi.uerj.br/v11n2/artigos/pdf/v11n2a20.pdf> Acesso em: 17 fev. 2011.

GANTT, E. E. Truth, freedom and responsibility in the dialogues of psychotherapy. **Journal of Theoretical and Philosophical Psychology**, [*S.l.*], v. 14, n. 2, p. 146-158, 1994. Disponível em: <http://psycnet.apa.org.ez11.periodicos.capes.gov.br/journals/teo/14/2/146.pdf>. Acesso em: 16 dez. 2011.

_____. Levinas, psychotherapy and the ethics of suffering. **Journal of humanistic psychology,** [*S.l.*], v. 40, n. 3, p. 9-28, 2000. Disponível em: <http://jhp.sagepub.

com/content/40/3/9.abstract/40/3/9>. Acesso em: 16 dez. 2011.

GENDLIN, E. T. Experiencing: a variable in the process of therapeutic change. **American Journal of Psycotherapy**, v. 15, p. 233-245, 1961. Disponível em: <http://www.focusing.org/fot/fot_articles.html>. Acesso em: 12 mar. 2009.

_____. Comunicação subverbal e expressividade do terapeuta: tendências da terapia centrada no cliente no caso de esquizofrênicos. In: ROGERS, C. R.; STEVENS, B. **De pessoa para pessoa**: o problema de ser humano: uma nova tendência na Psicologia. São Paulo: Pioneira, 1987.

_____. Celebrations and problems of humanistic psychologist. **The Humanistic Psychologist**, v. 20, n. 2 e 3, p. 447- 460, 1992. Disponível em <http://www.focusing.org/gendlin_celebrations.html >. Acesso em: 12 mar. 2009.

GRAZIOTTIN, T. **The Ethics of the Person-Centred Approach**. Thesis (Degree of MSc in Counselling) - University of Strathclyde: Glasgow, 2009.

HADDOCK-LOBO, R. **Da existência ao infinito**: ensaios sobre Emmanuel Lévinas. Rio de Janeiro: Ed. PUC-Rio; São Paulo: Loyola, 2006.

HOLANDA, A. F. **Diálogo e Psicoterapia**: Correlações entre Carl Rogers e Martin Buber. São Paulo: Lemos Editorial, 1998.

HUTCHENS, B. C. **Compreender Lévinas**. Petrópolis, Rio de Janeiro: Vozes, 2009.

LEITÃO, V. M. Da Teoria não diretiva à Abordagem Centrada na Pessoa: Breve Histórico. **Revista de Psicologia**, Fortaleza, v. 4, n. 1, 1986.

LÉVINAS, E. Ética e infinito: diálogos com Philippe Nemo. Lisboa: Edições 70, 1988a.

_____. **Totalidade e infinito**. Lisboa: Edições 70, 1988b.

_____. **Transcendência e Inteligibilidade**. Lisboa: Edições 70, 1991.

_____. **Deus, a Morte e o Tempo**. Coimbra: Almedina, 2003.

_____. **Entre nós**: Ensaios sobre a alteridade. Petrópolis: Vozes, 2005.

MARTINS FILHO, J. R.F. O outro, quem é ele? Considerações em torno da fenomenologia de Husserl, Heidegger e Lévinas. **GRIOT revista de filosofia**, Amargosa, BA, v. 1, n. 1, p. 56-66, jul. 2010. Disponível em: < http://www.ufrb.edu.br/griot/index.php/downloads/vol-01-n/8-o-outro-quem-e-ele-consideracoes> Acesso em: 10 jan. 2012.

MEARNS, D.; SCHMID, P. Being-with and Being-counter: Person-centered psychotherapy as an in-depth co-creative process of personalization. **Person-Centered & Experiential Psychotherapies**, London, v. 5, n. 3, p. 174-190, 2006. Disponível em: <http://dx.doi.org/10.1080/14779757.2006.9688417>. Acesso em: 15 ago. 2011.

MESSIAS, J. C.C. Sobre a expressividade do terapeuta (ou da busca pelo abracadabra psicológico). **Argumento,** Jundiaí-SP, n.7. abr. 2002. Disponível em: <http://www.scielo.br/pdf/prc/v19n3/a03v19n3.pdf>. Acesso em: 15 jun. 2009.

MESSIAS, J.C.C.; CURY, V.E. Psicoterapia Centrada na Pessoa e o Impacto do Conceito de Experienciação. Psicol. Reflex. Crit., v. 19, n. 3, Porto Alegre, 2006. Disponível em: <http://www.scielo.br/scielo.php?pid=S0102-79722006000300003&script=sci_arttext> Acesso em: 15 jun. 2009.

MOREIRA, V. **Para Além da Pessoa:** Uma Revisão Crítica da Psicoterapia de Carl Rogers. 1990. Tese (Doutorado em Psicologia Clínica) – Pontifícia Universidade Católica de São Paulo: São Paulo, 1990.

_____. O método fenomenológico de Merleau-Ponty como ferramenta crítica na pesquisa em psicopatologia. **Psicologia:** reflexão e crítica, [S. l.], v. 17, n. 3, p. 447-456, 2004. Disponível em: < http://www.scielo.br/pdf/prc/v17n3/a16v17n3.pdf >. Acesso em: 16 dez. 2011.

_____. **De Carl Rogers a Merleau-Ponty:** a pessoa mundana em psicoterapia. São Paulo: Annablume, 2007.

_____. **Clínica humanista-fenomenológica**: estudos em psicoterapia e psicopatologia crítica, São Paulo: Annablume, 2009a.

_____. Da empatia à compreensão do *lebenswelt* (mundo vivido) na psicoterapia humanista-fenomenológica. **Rev. Latinoam. Psicopat. Fund.**, São Paulo, v.12, n.1, p.59-70, mar. 2009b. Disponível em: <http://www.scielo.br/pdf/rlpf/v12n1/a05v12n1.pdf> Acesso em: 12 dez. 2010.

_____. Convergências e Divergências entre as psicoterapias de Carl Rogers e Frederick Perls. **Revista Nufen**, São Paulo, v.1, n.1, p.20-31, jan./jun. 2010a. Disponível em: < http://pepsic.bvsalud.org/scielo.php?pid=S2175-25912010000100003&script=sci_arttext> Acesso em: 12 dez. 2010.

_____. Revisitando as fases da abordagem centrada na pessoa. **Estudos de Psicologia**, Campinas, v. 27, n. 4, p. 537-544, out./dez., 2010b. Disponível em: <http://www.scielo.br/pdf/estpsi/v27n4/11.pdf>. Acesso em: 11 jun. 2011.

MOREIRA, J.; ROMAGNOLI, R.; NEVES, E. O surgimento da clínica psicológica: da prática curativa aos dispositivos de promoção de saúde. **Psicologia ciência e profissão**, v. 27, n. 4, p. 608-621, 2007. Disponível em: <http://pepsic.bvsalud.org/scielo.php?pid=S1414-98932007001200004&script=sci_abstract>. Acesso em: 11 jun. 2011.

NASCIMENTO, E. **Derrida**. Rio de Janeiro: Jorge Zahar Editor, 2004.

_____. O perdão, o adeus e a herança em Derrida. Atos de memória. *In:* _____. (Org.). **Jacques Derrida:** Pensar a desconstrução. São Paulo: Estação Liberdade, 2005.

PINHEIRO, F. **Apontamentos para uma epistemologia rogeriana:** Um percurso através do Existencialismo de Kierkegaard e do Pragmatismo de Dewey: 2004. 49

f. Monografia (Graduação em Psicologia) – Centro de Humanidades, Universidade Federal do Ceará, Fortaleza, 2004.

POIRIÉ, F. **Emmanuel Lévinas**: ensaio e entrevistas. São Paulo: Perspectiva, 2007.

RICHARDSON, R. J. *et al.* **Pesquisa Social**: métodos e técnicas. São Paulo: Atlas, 1999.

ROGERS, C. **Psicoterapia e consulta psicológica**. São Paulo: Martins Fontes, 1974.

_____. **Um jeito de ser**. São Paulo: EPU, 1983.

_____. **Tornar-se pessoa**. São Paulo: Martins Fontes, 1997.

_____. **Sobre o poder pessoal**. São Paulo: Martins Fontes, 2001.

_____. As condições necessárias e suficientes para a mudança terapêutica de personalidade. In: WOOD, J. K. *et al* (Org.). **Abordagem Centrada na Pessoa**. Vitória: EDUFES, 2008.

ROGERS, C.; KINGET, G. **Psicoterapia e Relações Humanas**. Belo Horizonte: Interlivros, 1977. V. 1 e 2.

ROGERS, C.; ROSENBERG, R. **A pessoa como centro**. São Paulo: EPU, 1977.

SCHMID, P. Knowledge or Acknowledgement? Psychotherapy as 'the art of not-knowing' – Prospects on further developments of a radical paradigm. **Person-Centered & Experiential Psychotherapies**, London, v. 1, n. 1-2, p. 56-70, 2002. Disponível em: <http://dx.doi.org/10.1018/14779757. 2002.9688278> Acesso em: 9 jan. 2012.

_____. The caracteristics of a Person-Centered Approach to Therapy and Counseling: Criteria for identity and coherence. **Person-Centered & Experiential Psychotherapies**, London, v.2, n. 2, p. 104 – 120, 2003. Disponível em: <http://dx.doi.org/10.1018/14779757.2003.9688301> Acesso em: 11 mar. 2012.

_____. The Challenge of the Other: Towards dialogical person-centered psychotherapy and counseling. **Person-Centered & Experiential Psychotherapies**, London, v. 5, n. 4, p. 240 – 254, 2006a. Disponível em: <http://dx.doi.org/101080/14 779757.2006.9688416>. Acesso em: 15 nov. 2011.

_____. Perguntándose para responder. La posición ética y el reto de la terapia centrada en la persona y sus 'condiciones necesarias y suficientes. **Polis**: Revista de la Universidad Bolivariana, Santiago, v. 5, n.15, 2006b. Disponível em: <http://www.revistapolis.cl/15/schmid.htm> Acesso em: 15 nov. 2011.

VIEIRA, E. M. Sobre a proposta de conhecimento presente na teoria rogeriana ou da sabedoria residente na ignorância. **Revista NUFEN**, São Paulo, v. 1, n. 2, 2009. Disponível em: <http://pepsic.bvsalud.org/scielo.php?pid=S2175-25912009000200002&script=sci_arttext>. Acesso em: 10 jan. 2010.

_____. Psicoterapia Centrada na Pessoa: um encontro consigo mesmo ou um embate com o outro? In: ENCONTRO LATINO-AMERICANO DA ABORDAGEM CENTRADA NA Pessoa Ouro Preto/Minas Gerais, XV, 2010. **Anais...** CD-ROM.

VIEIRA, E. M.; FREIRE, J.C. Alteridade e Psicologia Humanista: uma leitura ética da Abordagem Centrada na Pessoa. **Estudos de psicologia**, Campinas, v. 23, n.4, p. 425-432, out./dez. 2006.

WHITING, J. B.; NEBEKER, R. S.; FIFE, S. T. Moral responsiveness and discontinuity in therapy: a qualitative study. **Counseling and values**, [S. l.], v. 50, n.1, p.20 – 38, Oct. 2005. Disponível em: <http://link.periodicos.capes.gov.br.ez11.periodicos.capes.gov.br/sfxlcl3?url_ver=Z39.88-2004&url_ctx_fmt=infofi/fmt:kev:mtx:ctx&ctx_enc=info:ofi/enc:UTF-8&ctx_ver=Z39.88-2004&rfr_id=info:sid/sfxit.com:azlist&sfx.ignore_date_threshold=1&rft.object_id=963018025565&svc.fulltext=yes>. Acesso em: 16 jan. 2012.

WOLFREYS, J. **Compreender Derrida**. Petrópolis, RJ: Vozes, 2009.

WOOD, J. K. **Terapia de grupo centrada na pessoa**. In: ROGERS, C. R. et al. **Em busca de vida**. 1. ed. São Paulo: Summus, 1983.

WOOD, J. K. et al (Org.). **Abordagem Centrada na Pessoa**. Vitória: EDUFES, 2008.